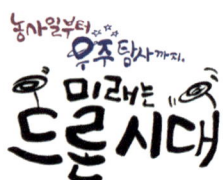

1판 2쇄 발행 2022년 7월 20일

글쓴이	제성은
그린이	윤남선
편집	이용혁 이정희
디자인	문지현 오나경
펴낸이	이경민
펴낸곳	㈜동아엠앤비
출판등록	2014년 3월 28일(제25100-2014-000025호)
주소	(03737) 서울특별시 서대문구 충정로 35-17 인촌빌딩 1층
홈페이지	www.moongchibooks.com
전화	(편집) 02-392-6901 (마케팅) 02-392-6900
팩스	02-392-6902
전자우편	damnb0401@naver.com
SNS	

ISBN 979-11-6363-318-1 (74400)

※ 잘못된 책은 구입한 곳에서 바꿔 드립니다.
※ 이 책에 실린 사진은 위키피디아, 셔터스톡에서 제공받았습니다.

도서출판 뭉치는 ㈜동아엠앤비의 어린이 출판 브랜드로, 아이들의 지식을 단단하게 만들어 주고, 아이들의 창의력과 사고력을 키워 주어 우리 자녀들이 융합형 창의 사고뭉치로 성장할 수 있도록 좋은 책을 만들겠습니다.

펴내는 글

드론은 장난감일까, 첨단 비행체일까?
드론이 4차 산업 혁명의 주역인 까닭은 무엇일까?

선생님의 질문에 교실은 일순간 조용해지기 시작합니다. 인내심이 한계에 다다른 선생님께서 콕 집어 누군가의 이름을 부르는 순간 내가 걸리지 않았다는 안도감에 금세 평온을 되찾지요. 많은 사람 앞에서 어떻게 말을 해야 할까 고민 한번 해 보지 않은 사람은 없을 겁니다.

사람들 앞에서 자신의 생각을 조리 있게 전달하는 기술은 국어 수업 시간에만 필요한 것이 아닙니다. 학교 교실뿐만 아니라 상급 학교 면접 자리 또는 성인이 된 후 회의에서도 자신의 의견을 분명히 표현할 수 있어야 합니다. 하지만 어디서부터 시작해야 할지 몰라 입을 떼는 일이 쉽지 않습니다. 혀끝에서 맴돌다 삼켜 버리는 일도 종종 있습니다. 얼떨결에 한마디 말을 하게 되더라도 뭔가 부족한 설명에 왠지 아쉬움이 들 때도 많습니다.

논리적 사고 과정과 순발력까지 필요로 하는 토론장에서 자신만의 목소리를 내려면 풍부한 배경지식은 기본입니다. 게다가 고학년으로 올라가서 배우는 수업과 진학 시험에서의 논술은 교과서 속의 내용만을 요구하지 않습니다. 또한 상대의 의견을 받아들이거나 비판하기 위해서도 의견의 타당성과 높은 수준의 가치 판단을 해야 하는 경우가 많은데, 자신의 입장을 분명히 하기 위해선 풍부한 자료와 논거가 필요합니다.

토론왕 시리즈는 사회에서 일어나는 다양한 사건과 시사 상식 그리고 해마다 반복

되는 화젯거리 등을 초등학교 수준에서 학습하고 자신의 말로 표현할 수 있도록 기획되었습니다. 체계적이고 널리 인정받은 여러 콘텐츠를 수집해 정리하였고, 전문 작가들이 학생들의 발달 상황에 맞게 스토리를 구성하였습니다. 개별적으로 만들어진 교과서에서는 접할 수 없는 구성으로 주제와 내용을 엮어 어린 독자들이 과학적 사고뿐만 아니라 문제 해결력, 비판적 사고력을 두루 경험할 수 있도록 하였습니다. 폭넓은 정보를 서로 연결 지어 설명함으로써 교과별로 조각나 있는 지식을 엮어 배경지식을 보다 탄탄하게 만들어 줍니다. 뿐만 아니라 국어를 기본으로 과학에서부터 역사, 지리, 사회, 예술에 이르기까지 상식과 사회에 대한 감각을 익히고 세상을 올바르게 바라보는 눈도 갖게 할 것입니다.

『농사일부터 우주 탐사까지, 미래는 드론 시대』는 드론의 장점을 활용하여 사람들을 돕고, 드론을 이용해서 범죄를 일으키는 사람들을 잡는 드론맨과 그를 따라다니는 초등학생 원준이의 이야기입니다. 이 흥미진진한 이야기를 읽다 보면 드론을 어떻게 조종하는지, 장단점이 무엇인지, 앞으로의 전망은 어떠한지 저절로 깨닫게 됩니다. 이 책을 읽은 어린이 독자들이 드론에 관해 정확한 정보를 얻고 관련 주제의 토론에서 자신 있게 말할 수 있다면 더없이 소중한 시간이 될 것입니다.

편집부

 차례

펴내는 글 · 4

드론맨 작전 개시 · 8

1장 지금은 드론 시대 · 11

별빛읍에서 만난 꼬마

드론 퀴즈 대결

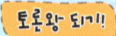 드론은 다른 비행 수단보다 편리할까?

2장 드론, 무슨 일까지 할 수 있니? · 37

비밀의 수납장

못 하는 게 없는 드론

토론왕 되기! 드론, 일상생활에서 더 널리 쓰이게 해야 할까?

뭉치 토론 만화

드론을 나쁜 일에 사용한다면 어떻게 될까? · 65

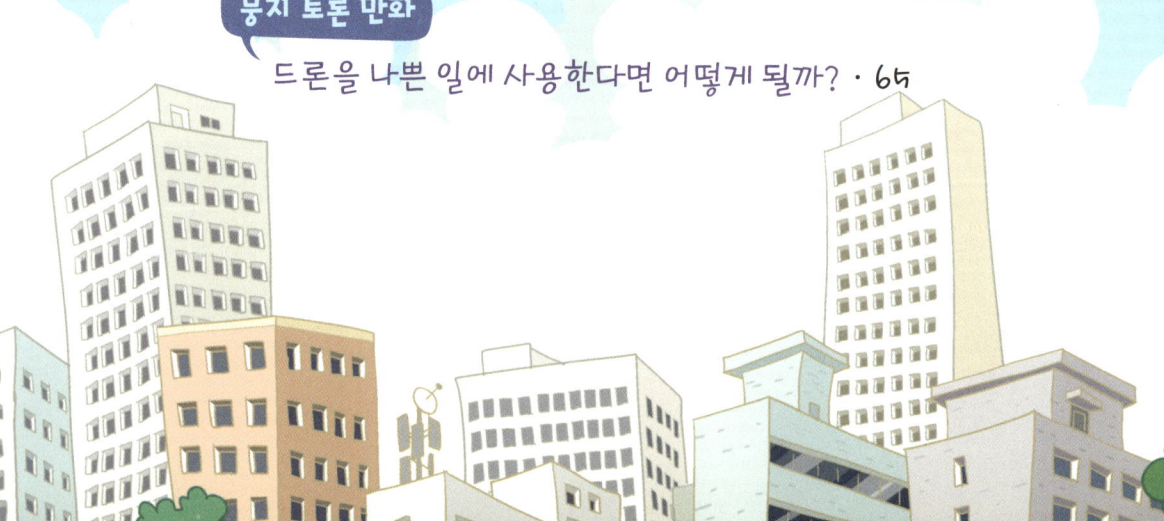

3장 나도 할래, 드론 조종 · 73

원준, 드론 축구 대회에 나가다

드론 전문가가 되고 싶어!

토론왕 되기! 영화 속의 드론

4장 드론 전쟁이 일어난다고? · 99

낯선 남자의 방문

드론맨을 구출하라!

토론왕 되기! 드론의 문제점, 어떻게 생각하십니까?

어려운 용어를 파헤치자! · 121

드론 관련 사이트 · 123

신나는 토론을 위한 맞춤 가이드 · 125

1장

지금은 드론 시대

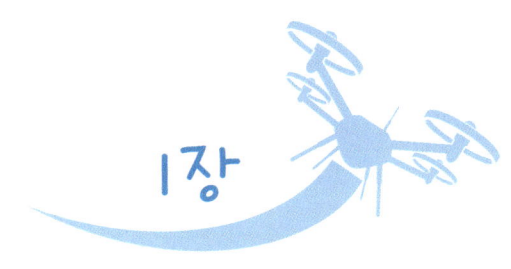

별빛읍에서 만난 꼬마

들온 씨는 2층 집 앞에서 트럭을 세운 다음 내렸다. 철 수세미처럼 빠글빠글한 머리를 한 할머니 한 명이 트럭을 멀뚱멀뚱 쳐다보았다. 할머니 옆에서 진돗개 한 마리가 어슬렁거렸다.

"혹시 이 집 옥탑방에 누가 살고 있나요?"

할머니는 고개를 절레절레 저었다.

"안 살아!"

"그래요? 제가 여기 살고 싶은데 주인 분을 만날 수 있을까요?"

"따라와 봐, 총각."

할머니는 아주 익숙하게 집으로 들어갔다.

"얘, 나와 봐."

할머니가 문을 열고 들어갔다.

'친한 분인가 보네.'

들온 씨는 속으로 생각했다. 그러다 문 옆에 대롱대롱 매달려 있던 메주를 못 봐서 머리에 정통으로 쿵 하고 맞아 버렸다.

"어이쿠!"

들온 씨는 뒤로 넘어지면서 바닥에 머리를 부딪치고야 말았다. 들온 씨는 눈을 감았다 떴다. 그런데 눈앞의 할머니가 둘로 보이는 게 아닌가.

"머리를 크게 다쳤나?"

들온 씨는 눈을 끔뻑거렸다. 할머니 하나, 할머니 둘. 아무리 봐도 둘이었다.

"괜찮아?"

"맙소사, 이제는 두 사람 목소리가 들리잖아?"

들온 씨는 고개를 흔들어 댔다. 그래도 눈앞에는 여전히 두 사람이었다.

"귀, 귀신! 썩 물러가지 못할까!"

그러자 할머니가 '우하하하' 웃음을 터트렸다.

"그렇잖아도 귀신 나오는 집으로 소문이 났구먼."

들온 씨는 가만히 할머니 둘을 쳐다보았다. 붕어빵처럼 똑같은 얼굴, 철 수세미 같은 머리, 다른 거라곤 눈가에 주름살이 조금 더 있나 없나, 하는 점이었다.

"서, 설마 쌍둥이?"

"왜 아니겠어? 우린 쌍둥이 자매야. 얘가 내 동생인데 잠깐 놀러 왔다니깐~."

할머니는 그러면서 자기는 봉필댁이고, 동생은 봉순댁이라고 덧붙였다.

"우리 집 2층에서 살고 싶다고? 사람 안 사니까 그냥 짐 풀어!"

봉필댁 할머니는 아주 시원시원하게 이야기했다. 들온 씨는 트럭에서 짐을 내렸다. 할머니 둘은 중계방송이라도 하는 듯이 짐을 쳐다보며 말했다.

"다 큰 어른이 장난감을 갖고 노는구먼, 쯧쯧쯧."

봉필댁 할머니가 한심하다는 듯 혀를 차면서 들온 씨를 바라보았다.

"헬리콥터 아닌가? 가만있어 봐. 그런데 날개가 세 개짜리도 있고, 네 개짜리도 있고, 가만있자, 여섯 개, 여덟 개도 있네?"

들온 씨는 자기가 가장 사랑하는 드론이 장난감 취급을 받는 건 도무지 참을 수가 없었다.

"할머니, 이건 드론이라고 하는 겁니다. 조종사가 타지 않았는데도

하늘을 자유자재로 날아다니는 것이 바로 이 드론이라고요."

"뭐, 드럼? 뭐라는 거야?"

봉순댁 할머니는 입을 삐죽 내밀었다.

"조종하는 사람이 안 탄다고? 사람이 타지도 못하는 비행기가 뭐 필요해. 그냥 장난감 맞구먼."

봉필댁 할머니는 아무렇게나 드론 하나를 휙 들어 보였다.

"보기엔 그래 보여도, 드론은 '4차 산업 혁명의 날개'라고 불립니다.

드론맨의 **정보 노트**

드론이란?

조종사가 탑승하지 않는 무인 자율 비행 장치를 드론이라고 부르며, 넓은 의미의 무인 항공기에 속해. 무인 항공기는 사람이 없이 프로그램된 경로에 따라 자동 또는 원격 조종 장치로 비행하는 항공기야. 무인 항공기와 장난감으로 쓰는 무선 모형 항공기는 자동 비행 장치가 비행체에 탑재되어 있는가, 아닌가로 구분해. 즉, 자동 비행 장치가 포함되어 있다면 크기가 작더라도 무인 항공기이고, 포함되어 있지 않다면 아무리 큰 비행체라도 무선 모형 항공기인 거야.

대중적으로 널리 쓰이는 드론 쿼드콥터

원래는 군대에서 무기로 쓰려고 개발한 것이고요. 제1차, 제2차 세계 대전 때, 아군의 피해 없이 적을 공격하는 비행체로 개발하기 시작했습니다. 1982년 이스라엘과 레바논의 전쟁에서부터 본격적으로 이용됐지요."

"전쟁? 아유, 당장 이런 거 다 가져다 버려!"

"아, 아니요. 지금은 최첨단 기술이 발달해서 드론에 성능이 뛰어난 카메라나, 인공위성을 이용해서 위치를 알아낼 수 있는 위성 항법 장치가 달려 있어서 쓰임새가 얼마나 많은지 모릅니다. 드론은 위치 정보를 파악하는 지피에스GPS, 속도와 움직임을 감지하는 가속도 센서, 기울기와 각도 등을 감지해서 수평을 유지하는 자이로 센서 등이 탑재되어 있습니다. 이 센서들 덕분에 드론은 지정한 경로를 이동했다 돌아올 수 있는 자율 비행이 가능하답니다. 헬리콥터보다 훨씬 구조도 간단하고 조종도 쉬워서 얼마나 많이 쓰이는데요."

들온 씨가 얼굴까지 벌게진 채 설명하자, 봉순댁 할머니가 피식 웃었다.

"아휴~ 그래. 결국 장난감이란 소리구먼. 장난감 갖고 유세는! 우리가 짐 나르는 거 좀 도와줄게."

"아니요! 아닙니다! 이건 제가 옮깁니다!"

들온 씨는 두 할머니의 등을 떠밀었다. 할머니들이 가고 나자, 들온

씨는 방에 벌러덩 누웠다.

"으흐, 편하다!"

집은 딱 마음에 들었다. 산과 들, 바다까지 있는 별빛읍에 있는 데다가, 이 마을에서 가장 높은 2층 옥탑방이라니.

들온 씨는 침대에서 벌떡 일어나서 짐을 정리하기 시작했다. 금세 수

드론에 장착된 센서

GPS 센서
자율 비행시 위치를 알아내는 센서

기압 센서
고도를 일정하게 유지시킴.

지자기 센서
지구의 자기장을 기준으로 드론의 방향을 판단함.

가속도 센서
가속도의 변화를 측정해 드론의 수평을 유지함.

자이로 센서
가속도 센서가 측정할 수 없는 방향의 값도 측정함.

납장은 드론으로 가득 찼다. 드론에는 작은 프로펠러, 즉 로터가 여러 개가 달려 있었다. 멀티(여러 개의)콥터라는 이름에 어울렸다. 프로펠러 숫자에 따라서 명칭도 달라졌다. 3개면 트라이콥터, 4개는 쿼드콥터, 6개는 헥사콥터, 8개는 옥토콥터라고 불렸다. 들온 씨는 수납장 가득 채워진 드론을 보니, 마음이 편안하고 뿌듯했다.

"으흠, 오늘은 너로 정했다!"

들온 씨는 드론 하나를 들고 옥상 마당으로 나갔다. 그러고는 익숙한 손짓으로 조종기를 움직여 드론을 하늘로 날려 보았다. 드론이 제자

드론맨의 정보 노트

호버링(Hovering)

드론을 공중에 띄워서 움직이지 않고 그 자리에 머물게 하는 것을 호버링이라고 해. 직접 드론을 조종할 때 호버링을 제대로 할 수 있어야 원하는 장면의 사진을 찍고 또 안전하게 드론을 착륙시킬 수 있어.

리에 멈춘 채 호버링을 할 때였다. 드론이 갑자기 무언가와 부딪치더니 '툭!' 하고 아래로 떨어지고 말았다.

"에에엥? 뭐야. 이게 어떻게 된 일이야?"

들온 씨는 2층에서 1층으로 우다다다 뛰어 내려갔다. 마당에는 꼬마 아이가 들온 씨의 드론을 품에 안고 서 있었다.

드론 퀴즈 대결

"꼬마야, 그건 내 거거든?"

　아이는 콧물을 한번 킁, 하고 들이마셨다. 그러고는 손가락으로 바닥을 가리켰다. 뭔가 하고 보니, 글라이더가 땅바닥에 떨어진 채 박살나 있었다.

　"아저씨가 내 글라이더 망가뜨렸으니까 이건 저 주세요."

　"야! 너 이게 얼만 줄 알아?"

　들온 씨는 버럭 화를 냈다. 고무줄 글라이더 따위가 자신의 소중한 드론을 떨어뜨린 것도 팔짝 뛸 지경이었다. 그런데 드론을 달라니!

"그게 얼마나 비싼 건 줄 아냐, 꼬마야?"

"나 꼬마 아닌데? 나 3학년이고, 이름은 송원준인데?"

"그래. 원준아, 그건 아저씨한테 무척 소중한 거야. 이리 다오."

"좋아요! 그러면 내가 내는 퀴즈를 맞히면 줄게요."

들온 씨는 어처구니가 없었지만 그렇다고 초등학생을 울릴 수도 없는 노릇이었다. 그건 평화를 지키는 드론맨으로서 용납할 수 없는 일이었다.

"좋아, 무슨 퀴즈를 낼 건데?"

들온 씨가 온화한 표정으로 묻자, 원준이는 눈을 동그랗게 뜨고 말했다.

"이거요. 이름이 뭘까요?"

"드론이잖냐."

"에이, 땡! 얘는 블랙이에요. 지금 막 내가 지은 이름이에요."

들온 씨는 한숨을 후후 내쉬었다.

"얘는 드론이야. 오래전에 미국 해군은 영국 해군의 포격 연습용 무인 비행기인 퀸비(여왕벌)를 보게 됐거든. 영국 해군의 퀸비에 감동을 받은 미국 해군은 그와 비슷한 무인 비행기를 만들어 '수벌'이라는 뜻의 드론이라고 불렀단다. 드론의 엔진 소리가 벌이 날 때 내는 소리와 비슷하다고 해서 드론으로 이름을 붙였다는 설도 있지."

하지만 원준이는 드론을 줄 생각은 하지 않고, 위로 올렸다 내렸다

하면서 웃어 댔다.

"음, 그러면 얘는 어떻게 하늘을 날까요?"

들온 씨에게 그런 퀴즈라면 누워서 떡 먹기였다.

"드론이 나는 원리는 비행기랑 비슷해. 바로 양력 때문이지. 비행기

드론맨의 정보 노트

드론의 유래

1935년 영국에서 사람이 타는 훈련용 비행기인 '타이거 모스(Tiger moth)'를 공중 목표를 겨냥해서 쏘는 훈련용 원격 조종 무인 비행기로 개조하면서 퀸비(Queen Bee, 여왕벌)라는 별명을 붙였어.

타이거 모스

퀸비

퀸비는 지금의 무선 조종 무인기와 비교하면 상당히 덜 발달된 수준이었으나 대공 사격 훈련용으로는 효과적이었어. 당시 미군에서도 이를 관심 있게 보았고, 특히 당시 퀸비의 비행을 직접 참관했던 미국 해군 참모총장이 본국에 돌아가 표적용 무인 비행체 개발을 지시했지. 그리고 이런 비행체를 드론(Drone, 수벌)이란 이름으로 불렀다고 해.

날개 윗면과 아랫면에 기압의 차이가 생기면 양력이 생기거든. 그게 바로 비행기를 위로 뜨게 하는 힘이지. 드론도 마찬가지야. 드론이 하늘을 날 때 네 가지의 힘이 여러 방향으로 발생해. 공기를 밀어 올리는 힘인 양력, 앞으로 나아가는 힘인 추력, 앞으로 나가는 데 방해가 되는 항력, 지구가 끌어당기는 중력이 그것이지."

"에이! 얘는 그냥 화장실 가고 싶어서 엄청 빨리 돌아다니는 건데요?"

들온 씨는 황당하기 짝이 없어서 어처구니없다는 표정으로 원준이를 바라보았다. 하지만 원준이는 아랑곳하지 않고 또다시 문제를 냈다.

"그러면 어떻게 길을 찾아다니게요?"

"드론에 눈이 있어서 그렇지."

그러자 원준이는 드론을 이리저리 살펴보았다.

"거짓말쟁이! 눈이 어디 있다고!"

"아니. 드론에겐 특별한 눈이 있지. GPS 같은 위성 항법 장치가 있거든. 인공위성에서 신호를 보내면 그걸 받아서 사용자의 위치를 알 수 있어."

"아, 우리 아빠 차 내비게이션에도 GPS가 있는데?"

"맞아. 위성에서 받은 신호로 드론의 위치를 좌표로 계산하지. 비행하려는 경로를 프로그래밍 하면 드론이 자율 비행도 할 수 있어. 그러면 드론이 어떻게 장애물을 피하는 줄 아냐? 네가 그걸 맞히면 그 드론 너한테 주마."

원준이는 눈이 동그래졌다. 들온 씨 머릿속에는 원준이가 절대 맞히지 못할 거라는 생각이 가득했다. 그런 속도 모르고 원준이는 당당하게 드론을 가질 기회가 왔다고 신나 했다.

"에이, 그것도 몰라요? 장애물이 아예 없는 데에서 날리면 되잖아요!"

원준이의 황당한 답변에 들온 씨는 피식 웃었다.

"아니, 장애물이라는 건 땅 위로 높이 솟아 있는 고층 빌딩이나 탑 같은 건물들, 또는 날고 있는 드론과 부딪치거나 충돌할 수 있는 새들이나 또 다른 드론 같은 걸 말하는 거야. 아까 네 고무 글라이더랑 부딪친 것처럼. 드론은 초음파, 레이더, 카메라 같은 센서를 통해서 장애물을 파악하고 피하는 거야. 장애물이 나타나면 멈추었다가 고도를 높이거나 유지하면서 피하거든!"

"네에? 정말요?"

들온 씨는 원준이의 눈이 커다랗게 휘둥그레지자 기분이 좋아졌다. 그래서 자기 방에서 새로운 드론을 하나 가지고 나왔다. 드론에는 카메라가 하나 달려 있었다.

"여기 카메라가 보이지?"

들온 씨는 큼큼, 하고 헛기침을 한 다음, 드론을 공중에 띄웠다. 그리고 촬영해 온 드론의 영상을 함께 지켜보았다.

"자, 하늘을 날며 찍은 영상이 어떻게 하나도 안 흔들렸을까? 이걸 맞히면 진짜 그 드론 너 주마."

"어? 정말 이상하다. 어떻게 안 흔들린 거지?"

원준이는 고개를 갸웃거렸다.

"진동이나 기울어지는 것과 상관없이 수평 상태를 유지하게 하는 장치가 있거든. 그게 바로 짐벌이야. 짐벌에 고정된 카메라는 심하게 흔들리지 않고 촬영할 수 있단 사실! 자, 넌 문제를 못 맞혔으니까 그 드론은 돌려 다오!"

그러자 원준이는 갑자기 울음보를 터뜨렸다.

드론맨의 **정보 노트**

짐벌(Gimbal)

흔들리지 않는 안정적인 항공 촬영을 위해서는 짐벌이 필요해. 짐벌은 카메라가 연결된 부분이 아무리 흔들려도 영상은 흔들리지 않도록 만들어 주는 장치야. 즉, 짐벌은 카메라가 드론의 진동에 영향을 받지 않고 항상 수평을 유지하게 해 주는 역할을 한단다.

농사일부터 우주 탐사까지, 미래는 드론 시대

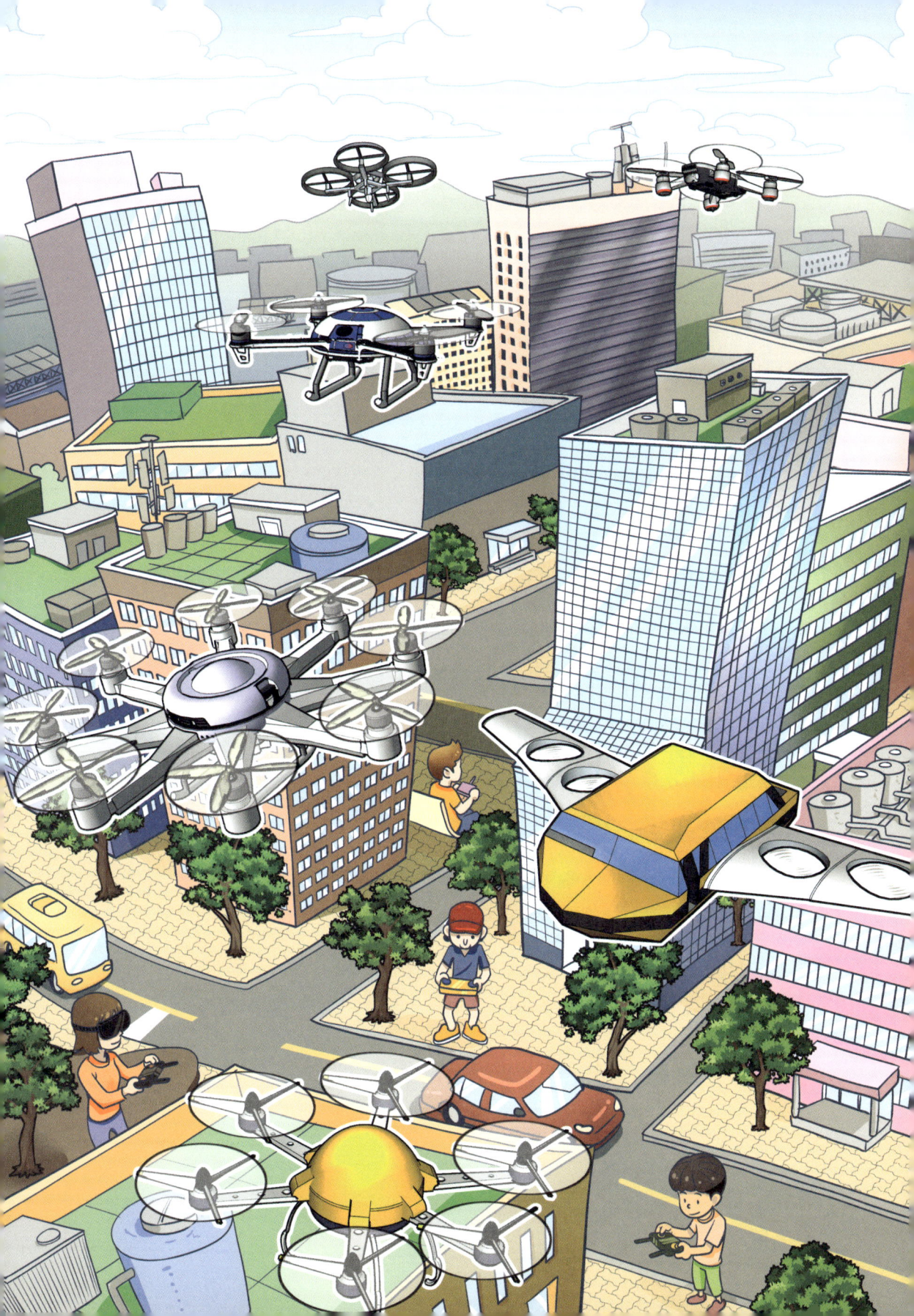

"갑자기 왜 우는 거야? 울지 마."

당황한 들온 씨가 원준이를 달랬지만 원준이는 아랑곳하지 않고 더 크게 울어 댔다.

"아유, 우리 원준이를 누가 울린 거야?"

봉필댁 할머니였다. 들온 씨는 놀라서 할머니를 바라보았다.

"아니, 총각이 우리 손주 울린 거야?"

"아, 아니. 그런 게 아닙니다."

할머니는 들온 씨의 귀를 잡아당겼다.

"어린애처럼 장난감이나 가지고 놀더니, 손주를 울리기까지 해?"

그 순간이었다. 원준이가 들온 씨 앞으로 와서 막아섰다.

"아냐. 할머니! 이 아저씨가 나한테 드론에 대해서 엄청 많이 알려 줬어. 이게 수벌이라는 뜻인데 장애물도 막 피해 다녀. 그 안에 센서가 있어서 말이야. 엄청 신기하지?"

원준이가 들온 씨를 보면서 한쪽 눈을 감고 윙크했다.

'하아, 요 녀석, 가짜 울음이었던 거야? 보통내기가 아닌 걸? 가르치는 맛도 좀 있고.'

들온 씨는 원준이를 쳐다보며 고개를 끄덕였다.

드론맨의 **정보 노트**

고정익 드론과 회전익 드론

보통 날개가 빙글빙글 돌아가면서 비행하는 것을 드론으로 많이 생각하지?

하지만 날개가 고정된 형태의 드론도 있어. 그걸 **고정익 드론**이라고 불러. 비행기 몸체에 날개가 고정되어 높은 곳에서 넓은 지역으로, 오랫동안 비행할 수 있지. 주로 군사 목적으로 정찰을 하거나 항공 사진을 촬영할 때 쓰여. 연료가 적게 들고 비행시간이 길지만, 이륙이나 착륙을 위해서는 평지가 필요하고 기상 변화에 민감한 단점이 있지.

우리가 잘 아는, 날개를 회전시켜 비행하는 것은 **회전익 드론**이야. 제자리 비행, 즉 호버링이 가능하고 방향을 바꾸는 것 또한 자유롭고 위아래로 오르내릴 수 있어. 그렇지만 연료가 많이 들고 비행시간이 짧다는 단점이 있어.

회전익 드론

고정익 드론

드론의 역사

1898년
미국의 발명가 니콜라 테슬라가 소형 무인 모형 보트를 무선으로 조종해 무인기의 기초를 닦았다.

1918년
미국에서 최초의 무인 비행기 '케터링 버그'를 개발했다.

1940년
1940년 미국의 무인기 개발자인 레지널드 데니가 대공포 사격용 무인 표적기 '데니 드론'을 만들었다.

1995년
미국의 방산업체 제너럴 아토믹스의 정찰용 무인기 'MQ-1 프레데터'는 테러범을 잡는 데 사용되었다.

1951년
미국의 방산업체인 라이언에서 군사용 감시 무인기인 '파이어비'를 개발했다. 이 드론은 미국과 베트남의 전쟁에서 활용되었다.

1943년

독일군이 무인 조정 항공기인 '프리츠 엑스(FX-1400)'를 만들어서 실제 군사 작전에 투입했다.

1998년

미국의 무인 정찰기인 '글로벌 호크'는 최대 20㎞ 상공까지 비행하며, 땅 위 30㎝의 물체도 식별할 수 있었다.

2010년
프랑스의 드론업체인 패럿은 스마트폰으로 조종할 수 있는 최초의 드론인 'AR 드론'을 선보였다.

2016년

중국의 드론업체 이항은 사람이 탑승할 수 있는 최초의 유인 드론 '이항 184'를 선보였다.

드론의 구조

- 로터 (회전 날개)
- 모터
- 컴퓨터와 각종 센서
- 랜딩(착륙)기어
- 카메라

드론의 종류
(회전 날개의 개수에 따라 나뉜다)

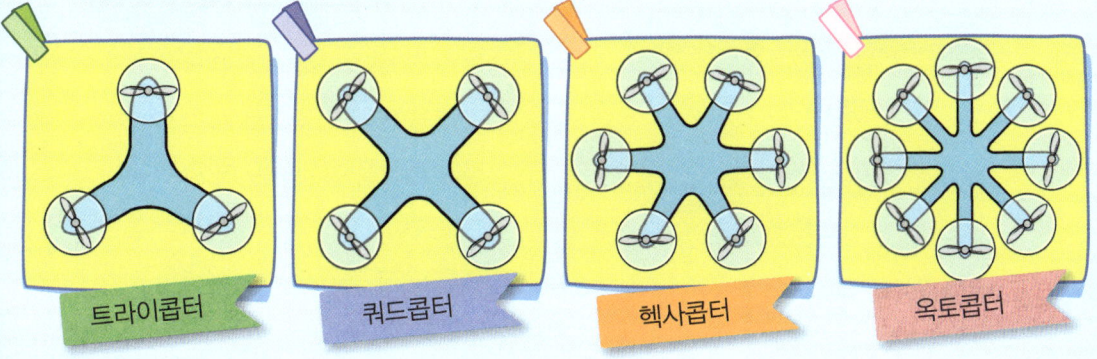

트라이콥터 / 쿼드콥터 / 헥사콥터 / 옥토콥터

토론왕 되기!

드론은 다른 비행 수단보다 편리할까?

4차 산업 시대의 날개라고 불리는 드론. 취미 활동부터 다양한 산업에 이르기까지 많은 곳에서 드론의 쓰임새가 늘어가고 있습니다. 그런데 과연 드론은 다른 비행 수단들보다 편리한 걸까요? 그렇지 않은 걸까요?

★ 편리해!

당연히, 드론은 다른 비행 수단보다 편리한 점이 많습니다. 방송국에서 아주 높은 산을 전체적으로 보여 주는 영상을 촬영한다고 생각해 보세요. 옛날에는 헬기에서 카메라를 짊어진 촬영 기사가 영상을 찍어야 했습니다. 항공 촬영을 하려면 헬기를 띄워야 하고, 조종사도 필요하잖아요? 그러면 비용이 엄청 든답니다. 게다가 헬기는 이륙과 착륙을 하려면 제약이 있습니다. 건물에 H라고 써 있는 헬기 이착륙장 알지요? 그런 장소들도 필요하거든요. 하지만 드론은 헬리콥터에 비해 수백 배나 비용이 저렴합니다. 드론은 헬기보다 더 손쉽게, 헬기가 갈 수 없는 곳까지 촬영할 수 있다는 장점이 있습니다. 뿐만 아니라 다양한 각도로 실감 나는 영상을 촬영하는 데 안성맞춤이기도 합니다. 실제로 2014년 소치 동계 올림픽

미국 샌프란시스코 해안 도시를 촬영하는 드론

에서는 10여 대의 드론이 스노보드나 스키 점프 같은 경기 영상을 촬영하는 데 쓰이기도 했고요. 드론은 이제까지의 어느 비행체보다 편리함을 갖추고 있으며 점점 더 발달하고 있습니다.

★ 편리하지 않아!

하지만 드론이 마냥 편리하다고 할 수만은 없습니다. 우선 아무 데에서나 헬기를 띄울 수 없다고 했지만, 그건 드론도 마찬가지입니다. 드론을 띄우려면 미리 허가를 받아야 하는데다가, 드론을 띄우려는 장소가 비행할

땅으로 추락한 드론

수 있는 곳인지도 미리 파악해야 하니까요. 만약, 드론을 띄울 수 없는 공항이나 군부대 시설 같은 곳에서는 쓸 데가 없는 물건이 되는 셈이지요.

게다가 드론이 비행할 수 있는 시간은 다른 수단들보다 아주 짧다는 건 큰 문제점입니다. 비행할 때마다 계속 배터리를 충전하고, 또 다시 배터리를 바꿨다가 드론을 띄워야 하는 문제가 발생할 수 있잖아요? 드론으로 촬영을 하다가 배터리가 떨어져서 추락하게 된다면 어떻게 될까요? 그러니까 드론이 절대적으로 편리하고 간편한 것만은 아니라는 것이지요. 진짜 편리한 도구가 되려면 안전성을 우선 갖추어야 할 것입니다.

드론의 종류를 맞춰 봐~

드론은 '멀티콥터'라고 하는데 여러 개의 회전 날개가 비행한다는 뜻을 가졌지요. 그런데 멀티콥터는 회전 날개의 수에 따라서 부르는 이름이 달라진다는 사실, 기억나요? 드론의 회전 날개를 잘 보고, 그에 맞는 이름을 찾아 줄로 이어 보세요.

1. • — • 옥토콥터

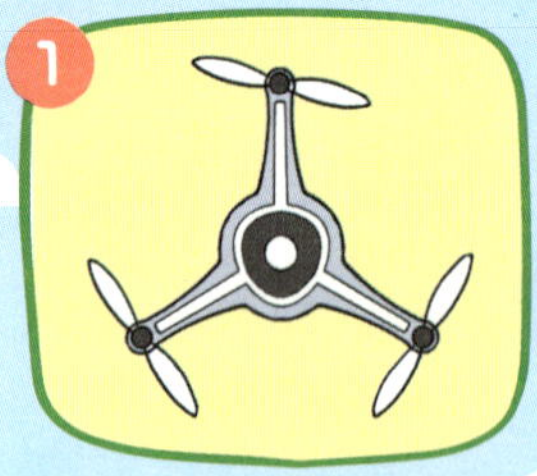

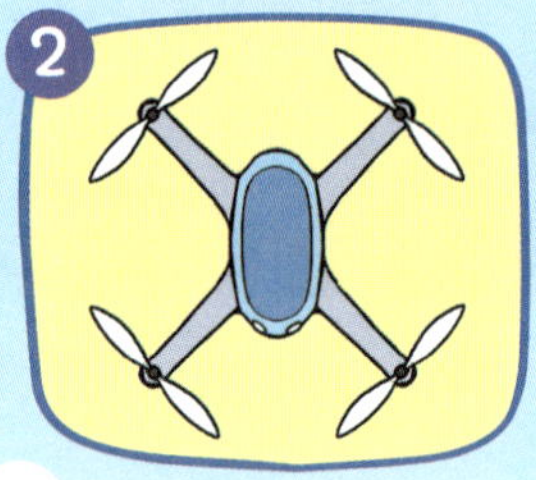

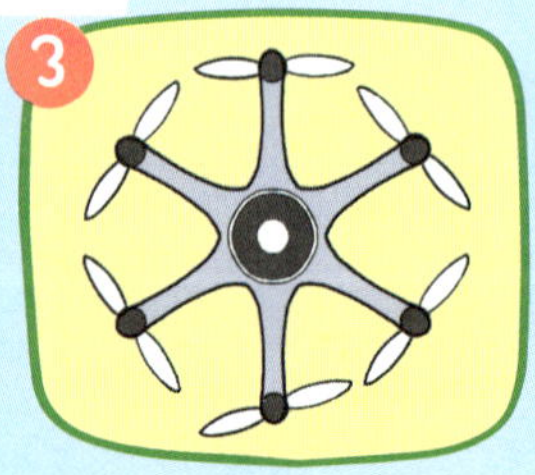

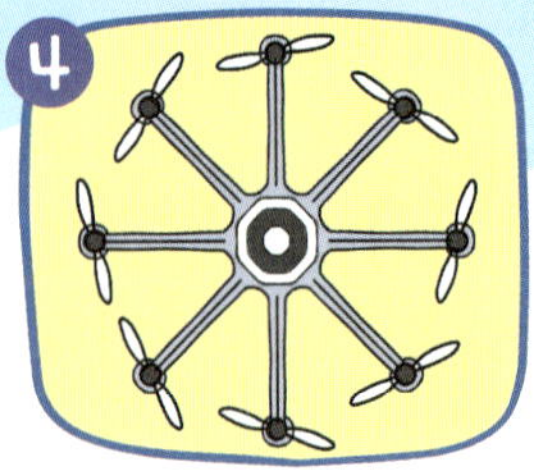

2. • — • 쿼드콥터

3. • — • 트라이콥터

4. • — • 헥사콥터

정답: 1. 트라이콥터 2. 쿼드콥터 3. 헥사콥터 4. 옥토콥터

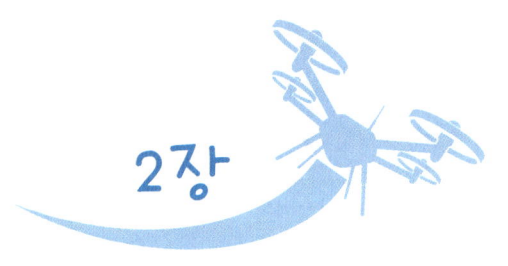

2장

드론, 무슨 일까지 할 수 있니?

비밀의 수납장

"원준아, 들어와 봐."

원준이가 방으로 들어오자, 들온 씨는 수납장을 활짝 열었다.

"우아, 이게 다 뭐예요?"

원준이는 벌어진 입이 다물어지지 않았다. 수납장 안에는 다양하고 많은 드론이 진열돼 있었다.

"뭐가 이렇게 많아요? 아저씨는 뭐하는 사람이에요?"

"아, 나는……."

들온 씨는 속으로 생각했다.

'정체를 들켜서는 절대 안 되지.'

그래서 원준이에게 웃으며 말했다.

"일이 있으면 일을 하고, 없으면 안 하는 그런 사람이란다."

"그렇다면, 백수?"

들온 씨는 살짝 기분이 상했지만, 정체를 밝힐 수는 없는 노릇이었다. 그때 마침, 들온 씨의 휴대 전화가 울렸다.

"여보세요? 네! 알겠습니다!"

들온 씨는 수납장에 놓인 촬영용 드론을 꺼냈다.

"좋아. 내가 뭐 하는 사람인지 한번 보여 줄까?"

들온 씨는 원준이를 데리고 마을 뒷편에 있는 산을 향해 출발했다. 건너편 산 정상에서 사람들이 촬영을 하고 있었다.

"저기 보이냐? 콩알만큼 작게 보이는 사람들. 무박 2일 프로그램에 나오는 연예인들이야."

"정말요? 일요일 저녁에 하는 그 프로그램요?"

원준이는 뛸 듯 기뻐했다. 자기가 좋아하는 연예인들이 왔다는 사실에 가슴이 콩닥콩닥 뛰었다.

"그런데 아저씨는 여기서 뭐를 하실 건데요?"

그러자 들온 씨는 드론을 띄웠다.

"어허! 조금만 기다려 보라고!"

들온 씨는 원준이에게 고글을 씌웠다. 그러자 드론이 촬영한 영상이

눈에 담겼다. 드론이 날아가며 촬영하는 영상을 실시간으로 보고 있으니, 정말 대단했다. 새처럼 하늘을 자유롭게 날아서 내려다보는 것 같았다.

"영상을 일인칭 관점, 즉 드론이 보는 시점으로 촬영한다는 뜻의 에프피브이(FPV) 기술이야. 드론에 카메라가 촬영한 영상을 보내 주는 송신기가 장착되어 있고, 비디오 고글에는 영상을 받을 수 있는 수신기가 장착돼 있지."

"와! 제가 하늘을 날면서 보는 것 같아요."

드론맨의 정보 노트

FPV(First Person View) 장치

FPV 장치는 단순히 드론을 보면서 조종하는 것이 아니라 드론의 눈으로 하늘을 날 수 있게 해 주는 거야. 사용자는 고글로 전송되는 영상을 보면서 드론을 조종하게 돼. 아래 사진은 FPV 장치를 통해서 보이는 모습이야. FPV 장치를 달면 드론 레이싱도 할 수 있어.

영상 수신기가 장착된 FPV 고글

농사일부터 우주 탐사까지, 미래는 드론 시대

"이렇게 고성능 카메라가 장착된 드론은 하늘을 날아다니면서 이곳저곳 다양한 각도로 촬영할 수 있단다. 높은 산꼭대기나 빙하처럼 사람이 가기 힘든 곳의 생생한 모습이나 스포츠 경기 같은 것을 찍기도 좋지."

원준이가 손뼉을 치며 좋아하자 들온 씨는 어깨가 으쓱해졌다.

"자, 좋은 구경 시켜 줬으니까 이제 내 드론을 돌려줄래?"

"아, 조금만 더요!"

하지만 원준이는 고개를 절레절레 흔들었다.

들온 씨는 촬영한 영상을 제작진에게 넘겨 주고 원준이와 함께 집으로 돌아왔다. 집으로 돌아오자마자 할머니가 다급한 목소리로 말했다.

"아이고, 원준아! 큰일 났다. 칠복이가 안 보인다."

"칠복이는 맨날 밖에 나가는 게 일이잖아요."

"아냐. 아침도 안 먹고 나갔어. 때 되면 오겠거니 했는데 저녁이 다 되어 가도록 안 오잖아."

"칠복이가 밥 때도 놓친다는 건 보통 일이 아닌데!"

원준이는 허둥지둥하다가 들온 씨를 쳐다보았다.

"아저씨! 우리 칠복이 좀 찾아 주세요! 드론으로요!"

봉필댁 할머니는 이해가 안 간다는 듯 고개를 갸웃거렸다.

"제발요! 찾아 주면 아저씨가 해 달라는 거 다 해 줄게요."

들온 씨는 원준이에게 약속을 꼭 지킨다는 다짐을 받고, 드론을 하늘로 띄웠다.

드론은 점점 아랫마을 쪽으로 날아갔다. 드론은 몇 분 후에 다시 돌아왔다. 들온 씨와 원준이, 그리고 할머니는 모니터를 통해서 드론이 촬영한 영상을 살펴보았다.

"여긴 아랫마을 쪽이잖아?"

그런데 그때, 촬영된 화면에 칠복이가 보였다.

"칠복이다! 거길 왜 간 겨?"

그런데 칠복이 옆에 누런 강아지가 보였다.

"에엥? 여자 친구?"

할머니가 뜨악한 표정으로 쳐다보았다.

"당장 데리러 가야겠구먼! 총각! 뭐혀! 얼렁 우리 좀 태워 주게!"

들온 씨는 엉겁결에 할머니와 원준이를 차에 태우고 아랫마을 바닷가 쪽으로 향했다. 컹컹 짖어 대는 소리가 가까워졌다.

"여기구먼! 초, 총각! 세워 봐!"

할머니와 원준이가 칠복이 쪽으로 다가갔다. 그곳에 있는 할아버지가 둘을 보며 반가워했다.

"저 개 주인이요? 이 누렁이는 길을 잃고 다친 앤데 어느 날부턴가 요 녀석이 여기 오더니 둘이 떨어질 줄을 모른다니까."

그 말은 사실이었다. 칠복이는 여자 친구인 순이 옆에서 떠날 줄 몰랐다.

칠복이 옆에서 순이도 자꾸만 맴돌았다.

"할머니, 순이가 유기견이라는데 저희가 키우면 안 돼요?"

원준이가 간절한 마음으로 할머니 팔을 붙잡았다.

"그래. 저렇게 좋다는데 떼어 놓는 건 좀 아니지."

"어휴~ 좋다는데, 당연히 그래야죠!"

할아버지는 순이를 데려가도 좋다고 말했다. 그렇게 원준이와 할머니, 그리고 들온 씨는 칠복이와 순이까지 차에 태운 채 집으로 돌아왔다.

"우습게 봤더니 총각이 아주 신통방통하구먼. 자네, 조금만 더 도와줄 수 있겠는가? 내가 자네 방 월세 안 받는 건 물론이고 수고비도 챙겨주지!"

할머니는 들온 씨를 쳐다보며 말했다. 들온 씨가 머리를 긁적거리자 원준이가 팔꿈치를 툭 쳤다.

"할머니 부탁 들어주시면, 드론 공부를 더 열심히 할게요!"

들온 씨는 거기에서 눈빛이 반짝 빛이 났다.

"좋습니다! 뭔데 그러십니까?"

"저기 밭 보여? 저게 다 내 밭이야. 그런데 살충제를 좀 뿌려야 하는

데 5백 평이여. 이 늙은이가 힘이 있어야 말이지. 어때, 총각이 좀 날 도와줄라나?"

"흐음. 할머니, 그런 건 제가 간단하게 해 드릴 수 있습니다!"

"간단하게?"

들온 씨는 자기 집으로 올라갔다. 그러고는 조금 후에 커다란 드론을 가지고 내려왔다.

"에엥? 왜 또 드론을 들고 왔어?"

"이게 할머니를 도와드릴 겁니다. 드론에 장착된 카메라로 햇볕이 비치는 양이나 흙의 상태를 관찰할 수도 있고, 살충제를 뿌릴 때에는 적외선 센서로 꼭 필요한 곳에만 뿌릴 수도 있거든요."

할머니는 그럴 리가 없다는 듯 고개를 흔들었다.

"요 커다란 드론이 살충제를 뿌려 준다고? 일하기 싫으니까 그런 거 아냐?"

들온 씨는 입 꼬리를 올리며 웃어 보였다. 들온 씨와 할머니, 원준이는 할머니네 밭 앞에서 모였다. 들온 씨는 농업용 드론을 띄워서 농작물과 최대한 가까운 높이에서 골고루 살충제를 뿌리게 했다.

"아까 말씀하신 그 부분에만 살충제를 최소한으로만 뿌려서 비용도 줄이고, 사람이 살충제에 중독되는 피해도 없애고, 아주 정확한 작업을 할 수 있으니, 얼마나 좋습니까?"

농업에 활용되는 드론

다양한 측정 장비와 카메라를 탑재한 드론

1 토양 및 농경지 조사
2 씨 뿌리기
3 살충제 뿌리기
4 작물 모니터링
5 논밭에 물 대기
6 작물 기르기 평가

▸ 병충해가 발생한 곳에 살충제를 뿌리는 드론

수집한 데이터를 바탕으로 알맞은 농작물 땅을 고르는 드론

작물이 자라는 상태를 살펴보는 드론

농사일부터 우주 탐사까지, 미래는 드론 시대

드론이 하늘을 붕붕 날아서 병충해가 있는 쪽에 살충제를 뿌리는 모습을 보면서 할머니는 박수를 치면서 신기해했다.

"그렇잖아도 일손이 부족한 판에 아주 안성맞춤이로구먼."

"그렇죠? 1987년에 일본에서 세계 최초로 농업용 드론 R-50을 선보였습니다. 요즈음에는 일본 농촌 가구의 40%가 드론으로 비료와 살충제를 뿌린다고 합니다. 젊은이들이 농촌을 떠나고 나이 드신 어르신들만 있어서 일손이 부족한데 아주 쓸모가 많은 드론이죠."

"그거 참 신통방통하구먼! 자네, 이 일 좀 마무리해 주게. 나는 김치 담근 거 주러 동생네 집에 다녀와야겠어. 동생 집이 좀 멀리 떨어져 있어서 지금 출발해야 오늘 중에 돌아올 수 있거든."

"네? 얼마나 걸리는데요?"

"저기 아랫마을까지 내려갔다가 다시 개울을 하나 지나고, 윗마을로 쭉 올라갔다가 다시 아래로 쭉 내려가서 꼬불꼬불 길을 가면 돼. 세 시간쯤 걸릴 거야!"

"너무 오래 걸리잖아요? 거기다가 무거운 김치 통을 들고 할머니께서 직접 가신다고요? 걱정 마십쇼! 그것도 제가 간단하게 배달해 드릴 수 있습니다."

"그 먼 데까지 자네가 대신 가겠다고?"

들온 씨는 얼굴에 미소를 띤 채 이번에는 택배를 보낼 만큼 튼튼한 드론을 꺼냈다.

원준이가 긴가민가한 듯한 표정으로 말을 꺼냈다.

"설마 드론으로 택배를 보낸다고요?"

들온 씨는 씨익 웃으며 드론에 봉필댁 할머니의 김치통을 싣고 단단히 포장을 했다. 봉필댁 할머니와 원준이의 눈이 휘둥그레졌다.

"아마존이라는 세계 최대의 인터넷 쇼핑몰이 있는데 거기에서 고객이 주문한 상품을 30분 안에 배송하겠다는 걸 목표로 배송 시스템을 만들었어요. 프라임 에어라고 하는데, 저도 그걸 시도해 보려고 합니다."

들온 씨는 택배 드론을 띄웠다.

"저 드론이 동생네까지 갈 수 있단 얘기지?"

봉필댁 할머니는 아직도 믿지 못하겠다는 듯이 말했다.

들온 씨가 드론을 조종하기 시작했다. 드론은 천천히 위로 솟구쳐 오르더니 아랫마을을 향해 날아가기 시작했다. 원준이와 봉필댁 할머니는 드론이 보이지 않을 때까지 쳐다보았다.

그리고 얼마 지나지 않아, 할머니의 휴대 전화가 울렸다.

"여보세요? 오, 동생! 벌써 김치 받았다고?"

원준이의 입이 떡 벌어졌다.

"동생이 무사히 잘 받았다고 하네. 어떻게 이렇게 빨리 올 수가 있느냐던데?"

봉필댁 할머니는 아직도 어안이 벙벙한 표정이었다.

"우아, 아저씨! 진짜 진짜 멋져요!"

원준이는 함박웃음을 지으며 들온 씨의 팔을 잡고 방방 뛰었다. 들온 씨는 원준이가 이제야 자신과 드론의 진가를 알아주는 것 같아 한껏 의기양양해졌다.

드론맨의 정보 노트

드론으로 인공 강우까지!

미세먼지 때문에 마스크 없이 숨을 쉬는 게 괴로울 때가 많지? 그런데 미세먼지를 드론으로 줄일 수 있다면 어떨까? 바로, 첨단 기술의 힘으로 비를 내리게 해서 미세먼지를 씻어 내는 인공 강우에 드론이 활용될 수 있다고 해. 2017년부터 과학 기술 정보 통신부에서는 한국항공우주연구원과 협업해서 드론을 기상 분야에 활용하는 방법들을 연구해 왔대. 그래서 전라남도 고흥군에서 드론을 활용해서 인공 강우 실험을 한 거야. 한국항공우주연구원에서 개발한 스마트 무인기인 TR-60을 이용해서 하늘 위에 있는 구름에 염화 칼슘이 들어 있는 연소 탄을 뿌려. 그러면 구름을 구성하고 있는 입자 속으로 염화 칼슘이 뿌려지고, 주변의 습기를 빨아들여서 수분 입자를 뭉치게 하지. 그러면 비가 내리게 돼. 아직은 활용되려면 시간이 걸릴 거야. 구름이 있어야 비를 내릴 수 있어서 건조한 사막에서는 비를 내리기 힘든 한계도 있거든. 그렇지만 드론으로 날씨 문제까지 해결하려는 시도, 정말 놀랍지 않니?

못 하는 게 없는 드론

"아저씨, 진짜 정체가 뭐예요? 아무래도 수상한데……."

며칠 뒤, 들온 씨 방에 놀러 온 원준이가 물었다.

"얘, 얘는, 뭐가 수상하다는 거야?"

"세상을 구하는 슈퍼 히어로는 아닐 테고!"

들온 씨는 놀라서 헛기침을 해 댔다.

"슈, 슈퍼 히어로? 하하하하."

들온 씨는 괜히 자기 몸을 쳐다보고 누가 들을세라 사방을 꼼꼼하게 살폈다.

"꼭 정체가 들킨 사람처럼 왜 그래요? 세상에 어떤 슈퍼 히어로가 이렇게 다 해어진 운동복을 입고 다닌다고."

"그, 그러게."

들온 씨는 속으로 '좀 더 조심해야겠다.' 라고 생각했다.

"하지만 우리 마을 히어로로 내가 인정해 줄게요!"

그때, 방문을 두드리는 소리가 나더니 할머니가 들어왔다.

"총각, 저 아래 바닷가에 있는 박 영감한테 좀 가 볼 텐가? 저번에 순이 데리고 온 그 집 말하는 거야."

"왜요? 순이 돌려 달래요?"

원준이가 깜짝 놀라서 할머니에게 물었다.

"바다에 플라스틱 쓰레기들이 어찌나 많은지 배가 꼼짝을 못 하겠나 본데, 뭐 해? 이 마을에서 제일 젊은 자네가 도와줘야지."

"출동! 출동해요! 우리 마을 히어로! 삐뽀삐뽀!"

들온 씨는 원준이가 잡아끄는 통에, 커다란 드론 상자를 차에 넣고 박씨 할아버지가 있다는 방파제 쪽으로 향했다.

"으아! 이게 다 뭡니까?"

"뭐긴, 쓰레기지. 힘들어 죽겠네."

바닷물 위에 비닐봉지에, 페트병에, 담배꽁초들까지 둥둥 떠 있었다.

"후유, 걱정 마십쇼!"

들온 씨는 상자에서 드론을 꺼내 로봇 팔을 연결시켰다.

"그걸로 뭐하려고요? 인형 뽑기할 때 본 것 같은데, 바다에서 인형이라도 뽑을 거예요?"

"기다려 봐. 이 로봇 팔이 무엇을 하는지."

들온 씨는 로봇 팔이 연결된 드론을 날려 바다로 들여보냈다. 드론은 바닷물 위에 둥둥 떠 있는 쓰레기들을 하나씩 하나씩 끌어올렸다.

"우리가 생활하면서 버린 쓰레기가 바다로 흘러가면 해양 쓰레기가 되어 버린단다. 바닷물 위에 둥둥 떠다니는 부유 쓰레기, 해변에 버려진 해안 쓰레기, 바다 아래에 가라앉은 침적 쓰레기 등으로 분류할 수 있고 말이야."

"그런데 이런 쓰레기를 왜 없애요? 그냥 내버려 두면 안 되나요? 사람이 건지려면 힘들잖아요."

"우리나라 선박 사고의 10분의 1이 해양 쓰레기 때문에 일어나거든. 바닷속에 있는 밧줄이나 비닐봉지가 선박의 추진기를 감거나 파이프에 빨려 들어가면 엔진에 문제가 생겨서 운행할 수가 없어. 게다가 물고기를 잡을 때, 쓰레기가 같이 올라오는 경우들도 많아. 그래서 고기 잡는 일이 늦어지거나 어망이 찢어지는 일도 발생하지. 그리고 잡은 물고기 어망에 작은 쓰레기들이 함께 들어갔다면, 사람이 일일이 걸러야 하잖아?"

원준이는 고개를 끄덕거렸다.

"텔레비전에서 바다에 사는 물고기들이 빨대를 잔뜩 먹고 죽은 사진을 본 적이 있어요."

"맞아. 바다에 사는 동물들이 풍선이나 빨대나 비닐봉지 같은 것들을 먹이인 줄 알고 먹는 경우, 목숨도 위태로워. 해마다 100만 마리의

바다 새, 바다표범, 고래, 바다소 같은 바다 동물이 해양 쓰레기 때문에 죽어 가고 있대."

"아, 불쌍해."

"그래서 이렇게 쓰레기를 수거하는 드론도 만들어졌어. 남아프리카의 한 기업가가 만든 '웨이스트 샤크'라는 이름의 드론은 길이가 190㎝, 너비가 140㎝, 높이가 45㎝인데 바다 쓰레기를 한번에 500㎏까지 모을 수 있대. 쓰레기뿐만 아니라 수질이나 수심, 날씨와 파도 높이 같은 정보들도 알려 주었지."

그때 원준이가 팔짝팔짝 뛰면서 팔봉산을 가리켰다.

"어! 저기에서 연기가 나요! 팔봉산에서요!"

"그럼 빨리 119부터 불러야지!"

박씨 할아버지가 119에 전화를 걸었다. 들온 씨는 급히 드론을 날렸다.

"드론으로 또 뭘 하려고요?"

"기다려 봐."

그때, 소방차 여러 대가 팔봉산 쪽으로 이동하는 게 보였다.

"소방차가 불 끄는 걸 찍으려고요?"

원준이가 들온 씨를 보면서 물었다.

"이 드론에는 고화질 카메라와 열화상 카메라가 장착돼 있어. 이걸

드론맨의 정보 노트

바다로 진출한 드론

컨테이너에 많은 물품이 실리는 항만 도시 위를 드론이 날고 있는 모습

해양 쓰레기가 환경에 미치는 영향이 심각해지면서 드론을 이용한 해양 쓰레기 감시와 수거가 더 활발해질 거야. 드론은 이 밖에도 불법으로 물고기를 잡는 배 단속, 항만·도서 지역 물품 배송, 태풍 피해 조사, 물놀이 안전 감시, 상수원 보호 구역 순찰, 항만 보안 및 항만 시설물 관리, 항만 수역 관리, 해상 교통시설 관리 등의 역할도 할 수 있을 거란다.

해양 쓰레기를 청소하는 드론

해양 쓰레기를 수거하는 웨이스트 샤크

네덜란드의 한 회사에서 다른 드론들과 생김새와 용도가 매우 다른 드론을 만들었어. 로봇 청소기 알지? 집안 구석구석 돌아다니면서, 사람이 들어가기 힘든 침대 밑까지 청소해 주잖아? 웨이스트 샤크는 바다 청소를 위한 인공 지능이 탑재된 수중 드론 청소기라 보면 돼. 웨이스트 샤크는 기상 조건에 관계없이 언제나 작동돼. 특히 굴곡이 수시로 바뀌는 바다 위에서 쓰레기를 인식할 수 있도록 날씨와 바람, 그리고 물체 인식 패턴을 학습시켰다고 해.

팔봉산 상공에 날리면 소방관들에게 전달이 될 거야. 소방관들은 이 영상을 통해 어디에서 불이 났는지 정확한 위치를 파악하고 어디로 불이 번지고 있는지를 알 수 있을 거야."

"와, 그러면 불을 끄는 데 도움이 많이 되겠네요."

"맞아. 드론 덕분에 산불의 전체적인 모습과 세부적인 모습까지, 위험 부담을 줄이면서 볼 수 있어서 훨씬 빠른 진압이 가능하게 되었어. 험한 지형을 가진 산에서는 사람을 구조하기 어려운 점도 있는데 드론이 있으면 위치를 정확하게 파악할 수 있어서 크게 도움이 돼."

들온 씨와 원준이, 그리고 박씨 할아버지는 팔봉산의 불이 꺼지는 것을 바라보았다.

"아, 그것 참 신통하구먼. 신통해! 그 쪼끄만 게 날아다니면서 불 끄는 걸 돕다니 말이야. 세상 참 좋아졌구먼."

원준이가 환하게 웃으며 호들갑을 떨었다.

"드론이 정말 대단한 거네요! 아저씨 드론은 아무래도 내가 계속 가져야겠다!"

"뭐야! 약속이 다르잖아! 칠복이 찾아 주면 돌려준다면서!"

"내가 언제요!"

들온 씨는 속이 부글부글 끓어올랐다.

'참자, 언젠가는 돌려 받을 수 있겠지.'

드론으로 온 세상이 바뀌고 있어요!

드론은 처음에 군대에서 정찰용으로 개발되었어. 카메라로 땅 위를 가까이에서 촬영하던 기술을 이제는 일반 사람들도 널리 이용하고 있지. 현재 드론은 농사일뿐만 아니라 산업 현장, 재난 현장 등 온갖 곳에서 활용되고 있어. 또, 땅의 면적을 재거나 공사장의 미세 먼지, 소음 등을 단속하고 사람이 접근하기 어려운 지역에서의 정찰이나 정보를 모으는 활동 등 드론의 쓰임새가 무궁무진하게 늘어나고 있단다.

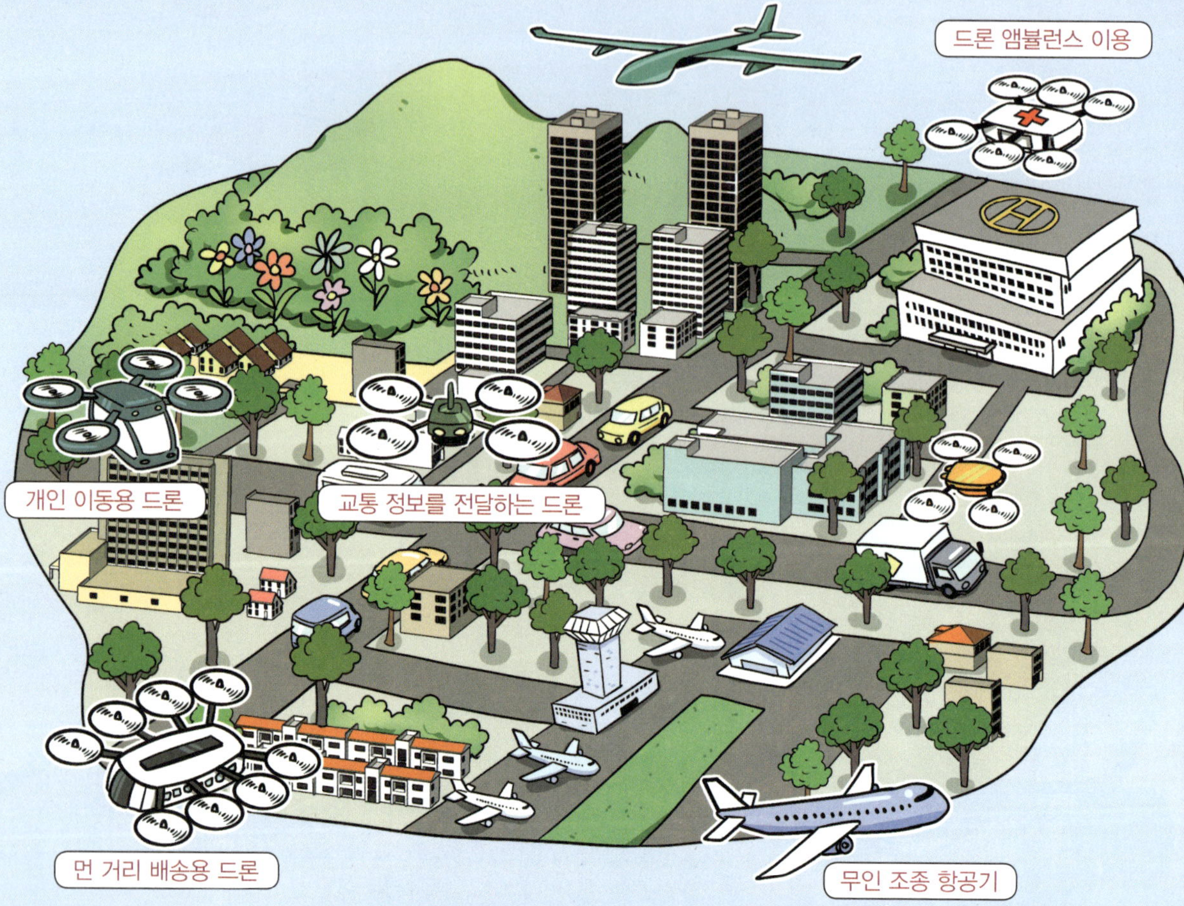

드론 앰뷸런스 이용

개인 이동용 드론

교통 정보를 전달하는 드론

먼 거리 배송용 드론

무인 조종 항공기

● 드론을 다양하게 활용하는 미래의 도시 ●

미래 시대의 인공 지능과 드론

인공 지능과 드론이 만난다면 놀라운 일이 벌어질 거야. 미국 항공 우주국(NASA)의 제트 추진 연구소에서는 화성을 정찰하기 위한 드론을 만들고 있어. 화성 탐사 로봇은 이동하는 능력이 떨어지지만 드론은 그보다 훨씬 정찰하기 편리할 거야. 화성을 돌아다니면서 연구할 만한 대상을 찾고, 최적화된 경로를 정하는 것이 화성 탐사 드론이 하는 일이래.

뿐만 아니라 꿀벌의 뇌를 복제한 인공 지능 드론도 개발하고 있대. 꽃을 피우고 열매를 맺을 때 꿀벌이 꼭 필요하잖아? 그런데 기후 변화로 꿀벌이 사라져 가는 요즘, 꿀벌을 대신하는 인공 지능 꿀벌 드론이 생기는 것이지. 꿀벌이 사라진다고 이야기했는데, 이렇게 멸종 위기에 놓인 동물을 찾는 데에도 드론을 사용할 수 있어.

토론왕 되기!

드론, 일상생활에서 더 널리 쓰이게 해야 할까?

우리 생활에서 좋은 일에 다양하게 쓰이고 있는 드론을 살펴보았습니다. 사람들이 가지 못하는 위험한 곳에서 필요한 일을 시키는 것은 물론이고 다양한 스포츠, 여가 활동을 즐기기 위해서도 드론을 활용하고 있습니다. 하지만 드론을 쓰면서 문제점도 많이 생기고 있어요. 과연, 우리의 일상생활에 드론을 적극적으로 써야 할까요?

★ 찬성

현재 여러 분야에서 활용되고 있는 드론은 앞으로 4차 산업 혁명을 이끌어 갈 성장 산업이 될 것입니다. 드론은 4차 산업 혁명을 대표하는 신산업·신기술 분야로 주목받고 있습니다. 세계 여러 나라와 기업들은 드론 시장을 선점하기 위해 치열하게 경쟁하고 있지요. 영상 촬영 분야에서는 드론을 이용해 여행지의 풍경을 한눈에 보여 주고 있고, 험한 지형 때문에 사람이 가기 힘든 오지나 재해 현장 등을 촬영하는 데 이용하기도 합니다. 국토가 넓은 미국이나 중국, 노인 인구가 많아 일손이 부족한 일본에서도 드론을 농업에 활용하고 있습니다. 사람의 힘을 덜 들이고 살충제나 비료를 뿌리는 데에도 쓸모가 많지요. 젊은 성인 남성 3명이 5시간 넘게 해야 하는 농사일을 드론은 10분 만에 할 수 있다고 합니다. 씨를 뿌리는 것은 물론이고, 작물이 얼마나 잘 자라고 있는지, 병충해는 생기지 않는지 분석까지 하는 등, 농업용 드론은 젊은 인력 부족에 시달리는 농촌에서 한몫을 톡톡히 하고 있는 것입니다. 우리나라에서도 100억 원 이상의 산업 시장으로 발전하고 있습니다. 이처럼 드론을 여러 산업 분야에 접목한다면 4차 산업 시대의 날개가 되어 줄 것입니다.

★ 반대

하지만 드론을 널리 쓰면서 생기는 문제점도 많습니다. 드론을 범죄에 악용하는 사례가 많아지는 만큼 드론 기술의 발전이 마냥 반갑지 만은 않은 게 사실입니다.

일단, 개인의 사생활을 침해할 여지가 있어요. 실제로 어느 아파트에서는 드론을 이용해 남의 집 사생활을 불법으로 촬영하던 사람이 경찰에 잡히는 사건이 일어났어요. 그런데 해수욕장이나 노천탕, 해수욕장에 있는 야외 탈의실이나 샤워 시설에 드론을 띄웠다고 생각해 보십시오. 많은 사람들이 몰래카메라 범죄의 피해자가 될 수 있는 것이지요. 또 드론에 담배나 휴대 전화 같은 물품을 실어서 교도소 수감자에게 전달한 사례도 있었습니다. 이처럼 상상도 하지 못할 범죄에 쓰일 수 있다는 점도 알아 두어야 합니다.

뿐만 아니라 사람이 해야 할 일을 드론이 대신하게 되면서 점차 사람들의 일자리가 줄어드는 것도 큰 문제입니다. 사람이 하기 힘든 일을 대신해 주는 것은 좋지만, 쓰레기 청소, 촬영, 정보 모으기 활동 등 사람들이 얼마든지 할 수 있는 일들도 인건비를 줄이기 위해 드론을 쓰게 된다면 앞으로 일자리는 점점 줄어들게 되고, 이 때문에 실업률이 점점 높아질 수 있어요. 그러면 경제에도 나쁜 영향을 주게 되겠지요.

3장

나도 할래, 드론 조종

원준, 드론 축구 대회에 나가다

"어? 이게 뭐지?"

원준이는 우편함에서 초대장 봉투를 발견했다. 봉투를 꺼내 열어보니, 초청장이라고 적혀 있었다.

유튜브를 통해 당신이 촬영한 영상을 보았습니다.

정말 대단한 드론 조종 솜씨를 가졌더군요!

당신을 드론 축구 대회에 초대합니다!

그 드론을 조종한 분과 함께 5인 1조로 참가해 주세요!

솟아라 월드 드론 축구 대회 협회장

농사일부터 우주 탐사까지, 미래는 드론 시대

"솟아라 월드 드론 축구 대회에 참가하라고?"

원준이가 유튜브에 올렸던 영상에 누군가 댓글을 단 적이 있었는데 진짜로 초청장이 올 줄이야. 원준이는 아침부터 잽싸게 옥탑방으로 올라가 들온 씨를 깨웠다.

"아저씨! 아저씨!"

"어이쿠, 깜짝이야. 아침부터 웬 호들갑이야?"

"아저씨! 저한테 드론 조종하는 방법 좀 알려 주세요!"

"무슨 말이야? 앞뒤 다 자르고!"

원준이는 들온 씨에게 초청장을 내밀었다.

"너 유튜브에 내 영상 올린 거야?"

"네!"

들온 씨는 갑자기 등골이 오싹해지는 느낌을 받았다.

"설마 내 이름도 다 밝히고 그런 건 아니겠지?"

원준이는 고개를 절레절레 저었다.

"아아아아~ 나가고 싶어요! 드론 가르쳐 주세요."

"좋아! 알려 주마. 밖으로 나가자."

이 마을에는 드론을 띄울 만한 장소가 많았다. 확 트인 공터나 들판이 많았기 때문이다.

"하아, 그런데 다섯 명이 필요한데. 드론 축구를 하려면 말이야."

원준이는 그럴 줄 알았다는 듯이 들온 씨를 바라보았다. 그런데 들온 씨는 원준이 뒤로 슬금슬금 다가오는 이들을 보고 더 놀랐다.

"이미 팀 다 만들어 놨어요!"

"뭐야! 너랑 할머니랑, 봉순댁 할머니랑, 박 영감님? 그럼 한 명은?"

"당연히 아저씨죠!"

들온 씨는 당황스러웠다. 할머니 두 명, 열 살짜리 손자, 할아버지, 그리고 정체를 숨긴 슈퍼 히어로로 구성된 팀이라니!

'고민 되네. 그런데 할머니와 저 꼬마를 당해 낼 수 있을까? 이들의 고집을 꺾을 방법이 없을 것 같은데······.'

들온 씨는 잠시 생각에 빠졌다.

"할 수 없죠. 우선 해 봅시다. 자, 드론의 원리부터 이해해야 해요."

들온 씨가 어느 새 사람 수 만큼 드론을 꺼내 놓고 설명을 하기 시작했다.

"드론이 뜨고 내리는 것은 스로틀이에요. 드론이 앞뒤로 움직이는 건 피치라고 하고, 드론이 좌우로 움직이는 건 롤, 일정한 높이와 위치에 떠 있는 것은 호버링, 드론이 좌우로 회전하는 건 요우, 무게 중심이 흐트러질 때 중심을 잡는 건 트리밍이라고 하지요. 자, 하나씩 해 볼까요?"

원준이가 먼저 드론을 띄우더니 호버링 상태로 있도록 했다.

"오, 잘했어. 제자리에서 위로 올렸다, 아래로 내렸다를 반복해 봅시다!"

들온 씨의 칭찬에 할머니 둘, 할아버지, 그리고 원준이가 모두 따라서 해 봤다.

"뭐 그렇게 어렵진 않구먼."

원준이 다음은 봉필댁 할머니였다. 그에 질세라 봉순댁 할머니도 나섰다.

"내가 텔레비전 리모컨을 많이 만져 봐서 이런 건 잘 할 수 있지!"

드론은 어떻게 조종할까?

스로틀(상승 및 하강)
모터 전체가 빠르게 회전하면 상승, 느리게 회전하면 하강한다.

드론 조종기의 왼쪽 방향키를 위로 하면 드론이 상승하고, 아래로 하면 드론이 하강한다.

피치(전·후진)
앞쪽 2개의 모터와 뒤쪽 2개의 모터 속도를 달리한다.

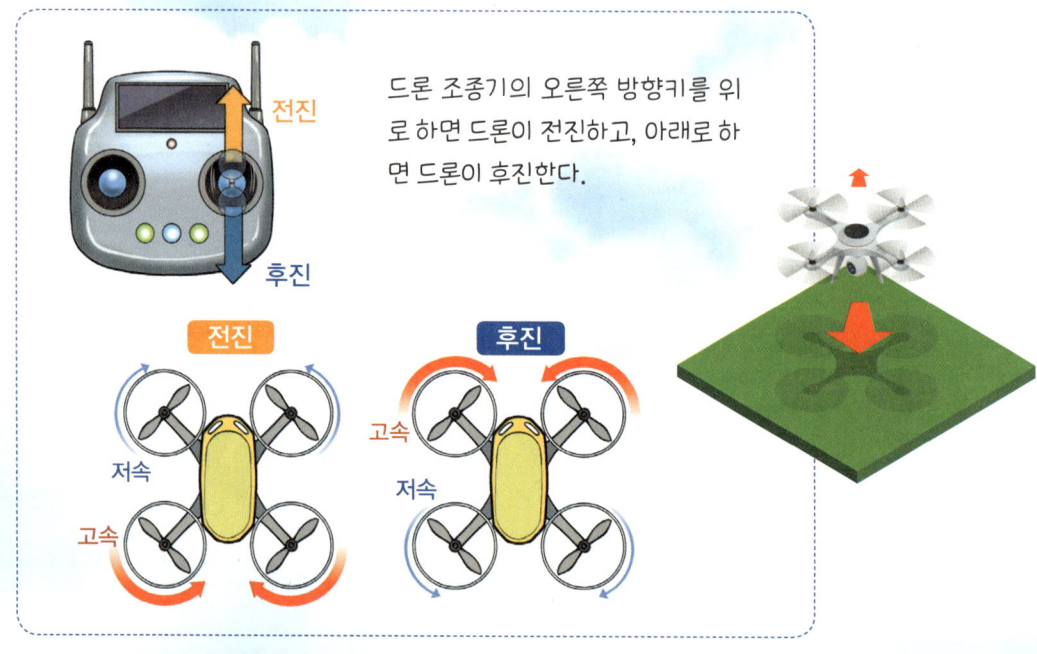

드론 조종기의 오른쪽 방향키를 위로 하면 드론이 전진하고, 아래로 하면 드론이 후진한다.

롤(좌우 이동)

오른쪽 두 개의 모터와 왼쪽 두 개의 모터 속도 차이를 이용하여 왼쪽, 오른쪽으로 기울어지면서 이동한다.

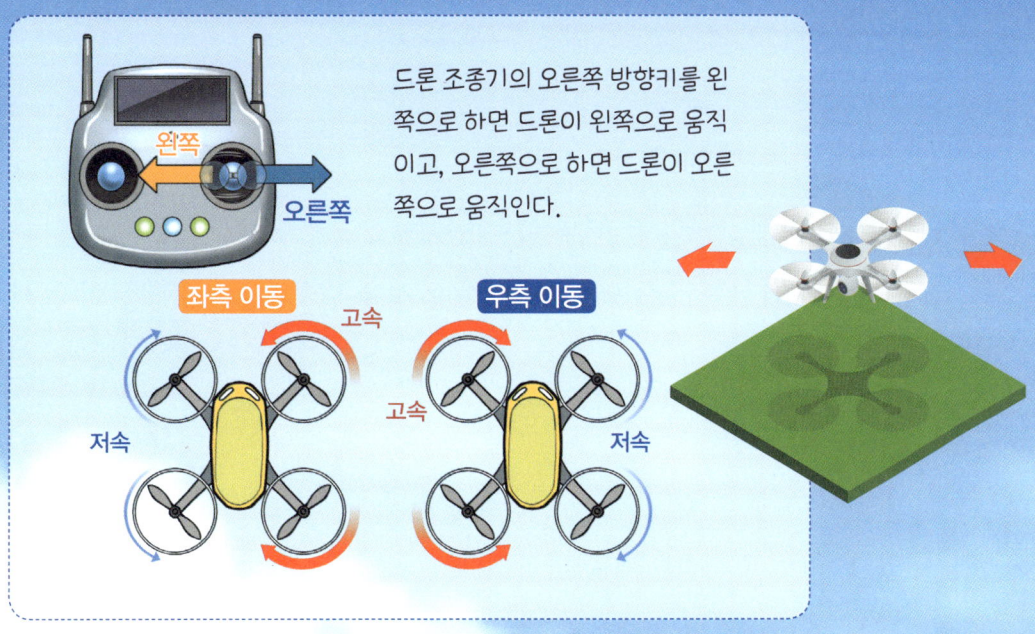

요우(제자리 회전)

대각선에 위치한 모터의 속도를 조절한다.

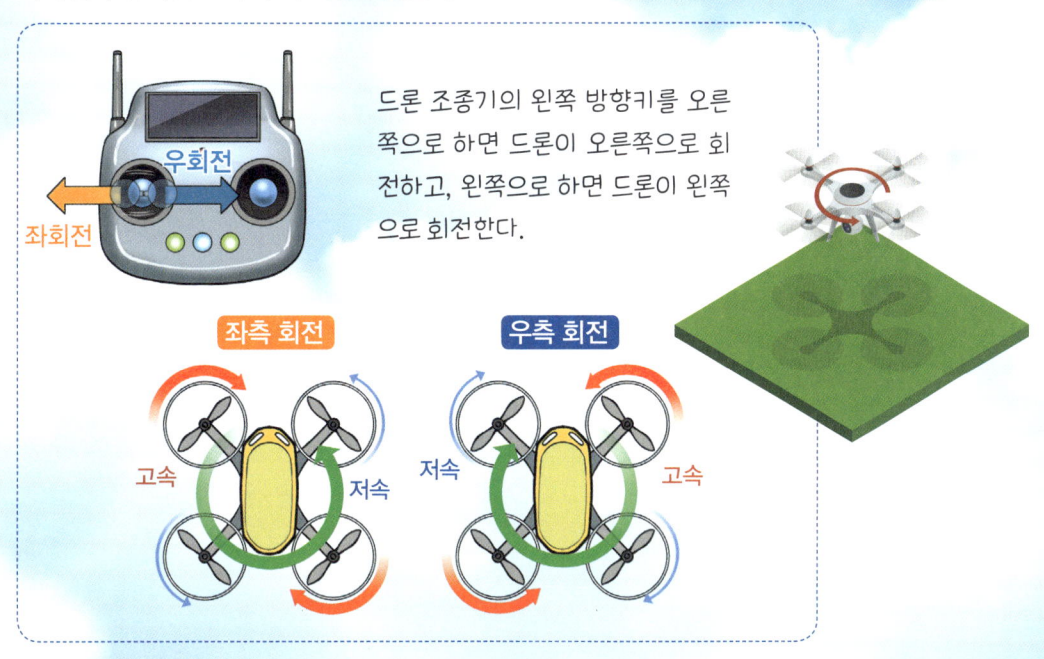

드론이 위로 떠올랐다. 그리고 제자리에 멈추었다가 다시 올라갔다 내려갔다를 반복했다.

"자, 어르신. 어르신도 해 보세요!"

"어이구, 이거 뭐 뜨지를 않네."

"아, 이렇게 조종기를 위로 올리라고!"

봉필댁 할머니와 봉순댁 할머니가 동시에 말했다. 셋의 드론이 동시에 떠올랐다.

"좋습니다! 일정한 높이를 유지하고 전진해 보는 겁니다!"

드론은 일정한 높이를 유지한 채 호버링 하다가, 위로 올랐다 아래로 내렸다, 그리고 착륙하기를 반복했다.

"아니요! 이런 거 말고, 드론으로 축구를 해야 한다고요!"

원준이는 발을 동동 굴렀다.

"원준아! 기초가 탄탄해야 축구를 하든 농구를 하든 하는 거 아니냐!"

봉필댁 할머니가 원준이의 어깨를 잡으며 말했다.

"그럼요, 당연하지요."

들온 씨는 활짝 웃었다. 드론을 앞으로 움직이게 하고, 좌우로도 움직이게 했다. 어느 정도 손에 익은 것 같자, 드론이 들어 있는 동그란 그물 모양의 공을 하나씩 나누어 주었다.

드론 축구

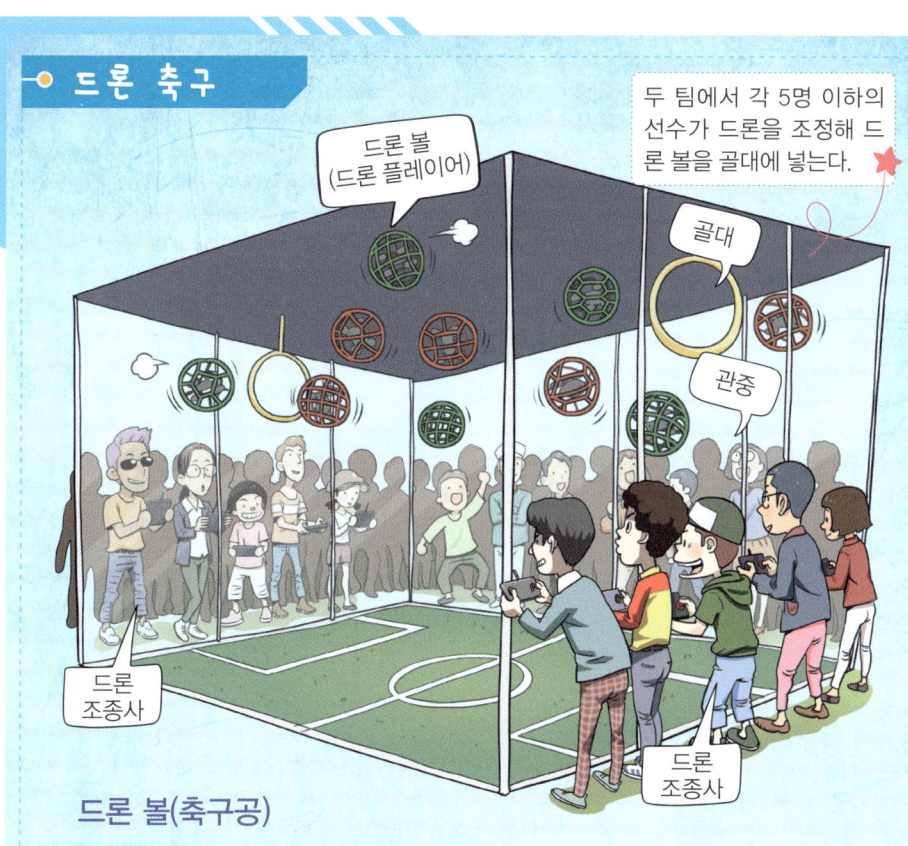

드론 볼(축구공)

드론 축구공은 탄소 섬유와 강화 플라스틱을 결합한 탄소 복합 소재로 만든 벌집 구조의 공 모양 안에 드론을 장착했다. 크기는 지름 40cm, 무게 1kg으로 일반 축구공(22cm, 0.4~0.45kg)보다 두 배 정도 더 크고 무겁다. 하지만 강력한 드론 날개로 최고 시속 60km로 빠르게 날면서 공격과 수비를 바꾸고, 탄소 섬유로 만든 특수 보호구 덕분에 서로 부딪혀도 쉽게 깨지지 않는다.

충돌 시 힘을 분산시켜 파손을 막아 주는 O형 링

팀과 선수를 구분하는 LED 조명

"이게 드론 볼인데, 한마디로 말하면 축구공입니다. 땅에서 3m 정도 떠 있는 원형 골대에 드론 볼을 넣는 게 바로 드론 축구거든요. 두 팀에 각각 공격수 드론이 한 대, 수비가 네 대예요. 공중에 달린 상대편 골대에 드론이 통과하면 득점이 되는데 아무나 넣을 수 있는 게 아니에요. 골잡이라고 부르는 공격수만 할 수 있습니다. 팀은 레드와 블루로 나눠져요. 한번 해 볼까요?"

들온 씨가 커다란 매트로 만든 간이식 골대에 바람을 불어 넣었다. 원준이 손을 번쩍 들었다.

"제가요! 제가 골잡이 할래요!"

들온 씨는 고개를 끄덕였다. 원준이는 조종기로 드론을 띄웠다.

"높이를 맞췄으면 오른쪽 방향키를 움직여서 드론을 골대로 쭉 밀어!"

하지만 골대에 아슬아슬하게 들어가지 않았다. 원준이는 아깝다면서 깡충깡충 뛰었다.

"하하하, 처음에 높이를 맞추고, 천천히 앞으로 가 봐. 높이를 확인하고 맞으면 안으로 들어가는 거야. 다시 돌아와서 반드시 하프 라인(중앙선)까지 와야 해! 반드시 그래야만 점수가 인정되거든. 이걸 잊지 말아야 해!"

연습은 계속되었고, 드디어 경기를 하는 날이 밝아 오고 있었다.

 드론 전문가가 되고 싶어!

드론 축구는 세트 당 3분씩 3세트까지 진행된다고 했다. 드론 레이싱은 혼자 하는 것이지만 드론 축구는 팀원들의 협동이 중요한 경기다.

드론의 후방에 있는 LED의 색깔로 블루 팀과 레드 팀이 나뉘었다. 원준이네 팀은 블루 팀이었다.

"잘 기억해. 네가 골잡이야."

"알았어요! 빨리 경기 했으면 좋겠다!"

원준이는 연신 고개를 끄덕였다. 골잡이 원준이를 비롯해 봉필댁 할머니, 봉순댁 할머니, 그리고 박씨 할아버지와 들온 씨, 네 명의 길잡이와 길막이까지 블루 팀이 경기에 나섰다. 길잡이는 골잡이의 공격 활로를 열어 주고, 길막이는 상대의 공격 루트를 막는 역할을 담당했다.

"경기 시작합니다!"

할머니들과 박씨 할아버지도 그리고 들온 씨도, 원준이도 모두 드론 볼을 띄웠다. 원준이의 드론이 나아갈 수 있도록 들온 씨는 길을 열어 주었다. 원준이는 그 길을 따라 드론 볼을 조종해 골대로 전진하도록 했다. 골! 골인이었다. 들온 씨도 원준이도 기뻐하고 있던 그때, 상대편에서 원준이네 쪽으로 한 골을 넣었다.

"침착하게 하면 돼. 아직 끝나지 않았어."

들온 씨는 원준이를 다독이면서 경기에 집중하도록 이끌었다.

"역전됐어! 역전!"

상대편에서 소리치자, 원준이는 마음이 심하게 흔들렸다.

"괜찮아. 골은 다시 넣으면 돼! 난 할 수 있어."

원준이는 마음을 다잡았지

드론 축구를 하고 있는 모습
(자료: 한국드론레이싱협회)

만, 상대편 드론이 거칠게 원준이의 드론 볼을 막았다. 그러다가 원준이의 드론 볼이 부딪쳐 아래로 떨어졌다.

"안 돼!"

원준이는 울먹거렸다.

"나 안 할래! 자꾸 상대편에서 나만 공격하잖아요."

"원준아, 져도 괜찮아. 그리고 이기면 좋고, 져도 재미있었으면 그 자체가 좋은 거야."

들온 씨가 원준이의 등을 토닥였다.

"맞아. 이 나이에 내가 드론을 만져 볼지 누가 알았냐? 우리 원준이가 좋아라 하니까 이런 것도 하는 거지."

"아무렴! 그렇고말고!"

봉필댁 할머니에 이어, 봉순댁 할머니까지 맞장구를 쳤다. 박씨 할아버지도 마찬가지였다.

"맞아. 그냥 재미나게 놀면 됐지!"

원준이는 울음을 멈추었다.

"알았어요. 지더라도 끝까지 할래요!"

원준이와 들온 씨, 그리고 할아버지와 할머니 둘은 손을 모으고 파이팅을 외쳤다. 두 번째 세트에서는 원준이가 1점을 따라잡아서 동점이 되었다. 동점이 되니 좀 더 신이 났고 가슴이 콩닥거렸다.

"자, 마지막 세트야!"

들온 씨가 원준이를 보면서 고개를 끄덕였다. 원준이도 그랬다. 다시 경기는 시작되었다.

부우우웅-, 부우우웅-.

요란한 벌 소리를 내면서 다섯 대의 드론 볼이 올라왔다. 봉필댁 할머니도, 봉순댁 할머니도, 박씨 할아버지도 서로 고개를 끄덕였다. 그리고 앞을 가로막는 레드 팀의 공격을 막아 냈다.

"가라! 가라! 우리 손주 골 넣게 다 비켜라!"

할머니와 할아버지가 길을 틔워 주었다. 들온 씨도 원준이가 가는 길

을 막는 레드 팀이 나타나면 공격적으로 방어했다. 그 사이, 원준이가 조종하는 드론 볼이, 골대 앞에 정확하게 섰다. 그리고 드디어!

"골-인!"

잠시 뒤 경기 종료를 알리는 휘슬이 울렸다.

"와! 이겼다!"

"만세!"

첫 출전에 승리를 하다니! 원준이는 기쁜 나머지 너무 소리를 질러서 목이 쉴 지경이었다.

"아저씨, 전 아무래도 드론 조종이 적성에 딱 맞는 거 같아요!"

"설마 꿈이 생긴 거야?"

원준이는 고개를 끄떡였다.

"설마라뇨! 난 아저씨처럼 될 거예요."

"나처럼?"

들온 씨는 어리둥절했다. 애가 드론맨의 정체를 알고 저러나 싶어서 괜히 등골이 서늘해졌다.

"네, 아저씨처럼 백수로 지내다가 전화 오면 일해 주면 되잖아요. 평소에는 놀다가 장난감 조종하는 것 같고 재밌잖아요!"

들온 씨는 그 말을 듣자마자 낄낄 웃어 댔다.

"아이고, 녀석! 드론으로 할 수 있는 직업이 얼마나 많은데!"

"그냥 드론 조종하는 사람이 되는 거 아닌가요?"

들온 씨는 집게손가락을 원준이의 눈앞에 둔 채 좌우로 왔다 갔다 까딱거렸다.

"드론을 조종하려면 드론이 있어야 하잖냐. 그 드론을 누가 만들겠어? 무인 항공기 시스템 설계자, 드론 개발 연구원 같은 사람이 만들겠지. 그리고 드론을 날리는 것도 그냥 날리는 게 아니잖아. 그러니까 무인 항공기 교통 전문가, 드론 조종 전문가도 있지. 그리고 드론이 사고가 나서 고장이 났을 때에는 수리하는 전문가가 필요하겠지? 드론 사고가 나서 분쟁이 일어날 경우도 있으니까 드론 사고 분쟁 전문가, 드론 영상 분석 전문가 같은 직업도 있지. 드론으로 할 수 있는 일이 정말 많지? 더 놀라운 건 이게 끝이 아니라는 거야. 드론으로 할 수 있는 직업은 아직도 계속 생기고 있단 사실!"

"우아! 드론만으로도 그런 직업들을 가질 수 있다니, 신기하다!"

"그래! 얼마나 많은데!"

그러자 원준이는 고개를 갸웃거리면서 들온 씨를 의심스럽게 쳐다보았다.

"그런데 아저씨는, 그렇게 많고 많은 직업을 안 갖고 왜 백수래요?"

"아, 나 진짜 백수 아니거든!"

모두 즐겁게 웃고 떠들며 집으로 돌아갔다. 그런데 원준네 팀이 경기

 드론맨의 **정보 노트**

드론으로 하늘에 수를 놓을 수 있다고?

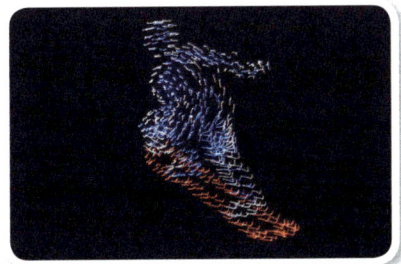
수많은 드론이 연출한 스노보드 타는 사람 모습 (자료: 인텔)

드론이 연출한 오륜기의 모습 (자료: 인텔)

2018년 2월, 평창 동계올림픽 개막식에 드론 쇼가 벌어졌어. 이 화려한 쇼는 개막식에서 가장 깊은 인상을 남긴 장면으로 꼽히고 있어. 수백 대의 드론이 경기장 위를 날아오르는 것을 시작으로 천 대가 넘는 드론이 스노보드 타는 사람의 형상을 그려 냈고, 이내 이 드론들은 올림픽을 상징하는 오륜기로 모습을 바꿨어. 그때 쓰인 드론이 자그마치 1218대나 된대. 슈팅 스타(유성)라는 이름의 드론이었지. 이 드론 쇼는 '인텔'이라는 회사에서 진행했어. 인텔 사에서는 드론 라이트 쇼를 위해서 슈팅 스타 드론을 특별히 제작했대. 무게는 330g이고, LED 조명은 40억 가지가 넘는 색의 조합을 연출할 수 있단다.

그런데 1218대의 드론을 1218명의 사람이 조종했을까? 천만의 말씀! 한 대의 컴퓨터와 한 사람의 드론 조종사만 있다면 가능하다고 해. 컴퓨터로 미리 프로그램을 짜서 1218대의 드론이 자기 자리를 찾아갈 수 있게 한 것이지.

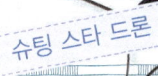
슈팅 스타 드론

를 할 때부터 지켜보다가 집까지 몰래 따라간 사람이 있었다.

드론 축구 대회가 끝나고 얼마 지난 어느 날이었다.

"계십니까? 여기에 드론 축구 대회에서 승리한 어린이가 살고 있다고 해서 들렀습니다."

봉필댁 할머니가 문을 열어 보았더니, 말끔하게 옷을 차려입은 낯선 남자가 서 있는 것이 아닌가.

"자네는 누군데 우리 손주를 찾아?"

원준이가 할머니 뒤에 서 있다가 고개를 갸웃거렸다.

"무슨 일인데요?"

"저는 도철수라고 합니다. 드론을 아주 잘 다루는 걸 보고 찾아왔어요. 드론으로 저를 좀 도와줄 수 있을까요?"

철수 씨는 수소문해서 여기까지 겨우 왔다면서 눈물을 뚝뚝 흘렸다.

"아! 그런데 드론은 저보다는 2층 아저씨가 엄청 엄청 잘 하는데."

원준이가 해맑은 표정으로 철수 씨에게 말했다.

"그래? 그러면 나 좀 데려다 줄 수 있겠니?"

'드론' 좀 날릴 줄 아는 사람은 주목!

좋지 않은 도로 사정과 험난한 지형, 병원 부족 등의 문제로 혈액, 의약품 등 주요 의료품을 빨리 공급하기 어려운 지역이 있다. 이런 지역에서 응급 사고 때문에 수혈을 기다리는 사람에게 무인 항공 시스템(드론)은 구세주 같은 존재이다. 이미 여러 기업에서 드론이 실생활에 다양하게 사용될 수 있다는 점을 파악하고 드론을 적극적으로 활용하고 있다. 예를 들면 어떤 보험 회사는 드론을 활용해 자산 피해 정도를 파악하기도 한다. 최근 몇 년 동안 드론 시장은 급격한 성장세를 보였고 앞으로는 더 빠르게 성장할 전망이다.

글로벌 드론 시장 성장 추이 및 전망

(단위: 억 달러)
*전세계 군사용, 산업용, 소비자용 드론 생산 기준

연도	군사·정부용	소비자용	산업용	합계
2016년	29	22	4	55
17	36	23	5	64
18	46	32	8	86
19	66	36	12	114
20	66	36	19	123
21	81	41	25	147
22	97	43	34	174
23	100	42	41	183
24	104	42	48	194
25	99	44	59	202

자료: World Aircraft Forecast(2017), 원터그린, 골드만삭스, 맥킨지 분석

높은 건물을 짓는 데 활용되는 드론

작물이 자라는 모습을 촬영하는 드론

드론은 교통수단으로서의 역할을 넘어 정보의 수집과 가공, 그리고 배포 및 활용에 이르기까지 다양한 역할을 통해 4차 산업 혁명을 이끌 것으로 전망된다. 따라서 드론과 관련된 직업이 많이 생길 것으로 예상된다.

무인 항공기 표준 전문가
드론의 적절한 사용을 위해 사용 목적에 따른 명확한 표준을 정하는 전문가. 택배 무인기, 의료 무인기, 열 감지기 무인기 등 각 용도별에 따른 표준을 정하고, 이를 관리한다. 또한 드론이 하늘을 날아다니다 보면 일어날 수 있는 크고 작은 사고를 방지하기 위하여 교통 상황을 관리한다.

드론 수리원
드론의 구조와 사용되는 부품의 특성을 정확히 파악하고 문제가 있는 드론의 항공 시스템을 정비하고 수리한다.

무인 항공기 설계자 및 엔지니어
한 개의 본체 드론에서 다수의 작은 드론으로 분리되는 드론의 도킹을 원활하게 설계하며 다양한 영역에서 효율을 높여 줄 수 있는 기술을 개발한다. 또한 고객의 요구에 맞게 드론을 제작하여 서비스도 제공하는 드론 전문가로서의 역할도 한다.

드론 촬영 감독
드론에 장착된 카메라로 영상을 촬영하는 전문가. 영화는 물론 방송, 광고 등에 필요한 더 실감나는 영상을 촬영할 수 있다.

택배를 배달하는 드론

하늘에서 화려한 쇼를 연출하는 드론

토론왕 되기!

영화 속의 드론

'첨단 지능을 가진 기계들이 인간을 지배하는 때, 드론은 공중을 순찰하며 적의 유무를 탐지한다. 목표물이 발견되면 위력적인 미사일을 발사해 인간 저항군에게 치명적인 피해를 준다.' – 영화 '터미네이터'

"두 주인공이 유독 가스를 피해 건물 옥상에서 구조를 기다릴 때 드론이 등장해 탈출을 돕는다. 드론이 탈출 장면을 공중에서 촬영해 실시간으로 지상과 인터넷 방송에 송출한다." – 영화 '엑시트'

두 편의 영화 이야기입니다. 단지 손에 땀을 쥐게 했던 영화 속의 한 장면일까요? 영화가 아니라 실제로 일어날 가능성은 얼마든지 있습니다.

영화 터미네이터

드론은 미국 할리우드 영화의 단골 소재로 쓰이고 있는데, 오늘날 세계의 여러 전쟁 지역에서는 드론이 실제로 적의 군대를 정찰하거나 정밀 목표를 정해 인간을 공격하고 있기도 합니다. 마치 게임을 하듯 의자에 앉아 버튼 하나만 움직이면 전쟁이 이루어지게 됩니다. 직접 치고받고 싸우던 시대보다 훨씬 더 냉정하고 무감각해진 현대 전쟁의 실상을 적나라하게 보여 주지요.

영화에서 드론은 증강 현실, 가상현실 등이 결합된 최첨단 장비로 변신합니다. 우리가 알고 있는 익숙한 드론이 아닙니다. 첨단 기술을 통해 인간들이 미지의 생물에게 공격을 당하고 있는 것처럼 가상 세계를 만들어 내거나 위급한 상황에 나타나 결정적인 도움을 줍니다.

영화는 알지 못하는 영역에 대한 호기심이 가득한 사람들에게 미래를 예측하고, 현재에는 존재하지 않는 첨단 기술을 스크린에 소개해 그들의 눈과 귀를 사로잡습니다. 하지만 가깝게는 수 년 안에, 멀게는 수십 년 안에 영화에 소개된 첨단 기술을 누구나 이용할 수 있는 시대가 오게 될 것이라는 점에서 영화를 마냥 허무맹랑한 이야기라고만 여기기 어렵습니다.

드론을 소재로 영화를 만든다면 어떤 내용으로 만들 것인지, 그것이 현실에서 실현될 수 있을지 각자의 생각을 말해 봅시다.

드론의 센서를 맞춰 봐!

드론에 장착된 센서의 역할을 찾아 선으로 이어 보세요.

1. 가속도 센서 •

• ㄱ. 현재의 고도를 일정하게 유지

2. GPS •

• ㄴ. 지구상의 자기장의 흐름을 읽고 이를 분석해서 동서남북의 방향을 인식하는 센서

3. 지자기 센서 •

• ㄷ. 드론의 위치 정보 파악

4. 기압 센서 •

• ㄹ. 가속도의 변화를 측정해서 기체를 수평으로 유지시켜 줌.

정답: 1-ㄹ, 2-ㄷ, 3-ㄴ, 4-ㄱ

4장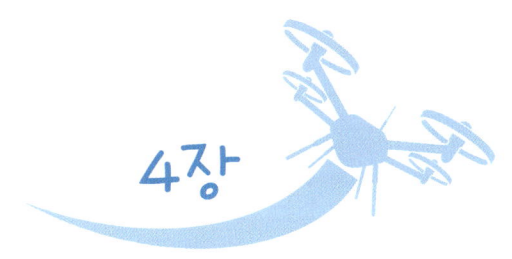

드론 전쟁이 일어난다고?

낯선 남자의 방문

같은 시간, 들온 씨는 뭔가 심각한 표정으로 고민에 빠져 있었다.

'이상해. 요즘 악당 제트의 움직임이 전혀 잡히지 않는단 말이야! 뭔가 일을 꾸미고 있나?'

들온 씨는 컴퓨터로 악당 제트의 모습을 바라보았다. 온통 검정색 옷으로 가린 채 눈만 빼꼼 보이는 악당 제트. 그가 얼마 전에 분명히 자신에게 경고장을 보냈었다.

드론맨, 기다려라!
드론 전쟁을 기대하길.

들온 씨는 한숨을 푹 내쉬었다. 도대체 언제쯤 악당 제트가 움직일 것인지, 어떤 형태로 움직일 것인지 알 수 없었기 때문이었다. 그때, 호들갑스러운 소리가 들려왔다.

"아저씨! 아저씨! 나와 보세요! 나와 보세요!"

들온 씨는 문을 열어 보았다.

"왜 그러는데?"

원준이는 숨도 안 쉬고 재빨리 말했다.

"이 아저씨가요, 이 아저씨가 막 울면서 자기 좀 도와 달래요. 아저씨, 우리가 도와요! 응?"

그 말과 동시에 덥수룩하게 수염을 기른 한 남자가 들어왔다.

"안녕하세요. 드론 전문가분이라고 들었습니다. 저 좀 도와주실 수 있을까요?"

들온 씨는 날렵하게 그를 위아래로 훑어보았다.

"뭘 도와 달란 거죠?"

"저희 아이가 사라졌어요. 최첨단 기술을 동원해서라도 꼭 찾고 싶습니다."

그 말에 들온 씨는 남자를 의심스러운 눈빛으로 바라보며 물었다.

"아이가 사라졌다면, 경찰에 신고를 하는 게 먼저죠."

"아저씨, 경찰에 신고했지만 못 찾았대요. 그러니까 우리가 도와야죠! 우리가 바로 이 마을의 히어로잖아요!"

원준이는 들온 씨의 팔을 붙잡고 일으켜 세웠다.

"빨리 가요! 가요! 응? 드론 들고 얼른 가요!"

"애야, 고맙다. 그런데 바깥은 위험하니까 우리들이 다녀오마."

"에에? 그런 게 어딨어요! 맨 처음에 저를 찾아왔잖아요!"

들온 씨도 원준이를 말렸다.

"요 녀석아. 이거나 갖고 놀고 있어라."

들온 씨는 휴대 전화처럼 생긴 기계를 건네주었다. 원준이는 그 기계를 받아 들고 1층으로 툴툴거리면서 내려갔다. 들온 씨는 철수 씨가 운전하는 차에 올라탔다. 차는 먼지를 폴폴 풍기며 출발했다.

"켁켁! 에잇! 가다가 펑크나 나라! 나만 안 껴 주고!"

원준이는 제자리에서 내내 분하다는 듯이 콧바람을 휙휙 내뿜었다.

"어디로 가지요?"

들온 씨는 철수 씨를 바라보며 물었다. 철수 씨는 대답 없이 점점 더 남쪽 길로 달렸다. 표지판을 보니 공항과 가까운 쪽으로 향하고 있었다. 들온 씨는 철수 씨에게 다시 물었다.

"어디까지 가는 겁니까? 왜 대답을 안 하시죠?"

"죄송합니다. 아들 생각을 하면 말이 나오지를 않아서요."

그러고는 금세 슬픈 눈빛이 되었다. 들온 씨는 그 눈빛 때문에 더 이

상 질문을 잇지 못했다. 얼마나 지났을까. 철수 씨가 차를 세웠다. 사방에는 아무것도 없었다. 그냥 허허벌판이었다.

"여기서 아드님을 잃어버렸다고요?"

"네. 드론 좀 띄워서 이 주변 사진을 찍어 주세요."

들온 씨는 주위를 둘러보았다. 그러고는 앱으로 드론을 띄울 수 있는 곳인지 확인했다.

"죄송합니다만, 여기는 드론 비행 금지 구역이에요."

"이렇게 사방이 뻥 뚫려 있는데 못 띄우다니요. 절 도와주시지 않으

드론맨의 정보 노트

드론 비행 금지 구역

드론을 아무 데서나 날리면 안 된다는 얘기를 들어 봤을 거야. 드론은 장난감처럼 생기긴 했지만 항공기와 충돌할 경우 큰 사고로 이어질 수도 있을 뿐 아니라, 보안을 침해할 위험도 있어. 따라서 드론을 날릴 때는 항공기에 준하는 규칙을 지켜야 해. 드론을 날려서는 안 되는 곳은 어디일까? 비행 금지 장소는 구체적으로 어디일까?
① 비행 금지 구역(휴전선 인근, 서울 도심 상공 일부)
② 비행장으로부터 반경 9.3km 이내인 곳
③ 모든 지역에서 150m 이상의 고도
④ 모든 지역의 인구 밀집 지역 또는 사람이 많이 모인 곳의 상공

려고 핑계 대시는 건가요?"

철수 씨는 울먹거렸다.

"그게 아니라 드론도 아무 데에서 함부로 띄울 순 없어요. 드론 비행 금지 구역이 있단 말입니다. 서울시의 대부분과 휴전선 근처, 그리고 전국의 비행장 근처도 비행기들의 안전을 위해 일정 고도 이상은 드론의 비행을 금지하고 있습니다. 여기는 공항이랑 가까워서 드론을 띄울 수가 없는 거고요."

철수 씨는 들온 씨의 말에 칫 하고 혀를 차더니 다시 차에 올랐다.

"아, 알았어요! 그럼 여기는 포기하고 다른 곳으로 가서 찾아 봐요!

빨리 움직이시죠."

철수 씨가 들온 씨를 잡아끄는 바람에, 들온 씨는 차에 올라탔다. 또다시 도로를 달렸다. 얼마의 시간이 흐른 뒤 낯선 집 앞에 도착했다.

"오느라 고생하셨습니다. 시원하게 좀 드세요."

철수 씨는 들온 씨에게 음료수를 따서 건넸다. 들온 씨는 음료수를 한 모금 마셨다.

"저 집입니다. 저기 좀 살펴봐 주세요! 급해요!"

철수 씨는 들온 씨를 재촉했다. 소리를 지르면서 울어 대는 바람에 들온 씨는 정신없이 드론을 띄웠다.

"저기 우리 딸이 있다고요! 엉엉. 저 집 안을 샅샅이 살펴봐 주세요."

들온 씨는 왜인지 기분이 몽롱해졌다. 자꾸만 까무룩하게 정신이 없어지는 느낌이었다.

'이상하네? 아까는 아들이라고 한 것 같은데. 그리고 남의 집을 살펴보려고 드론을 띄우면 사생활 침해라서 안 되는데……'

바로 그 순간, 들온 씨는 눈앞이 아득해지면서 정신을 잃었다. 조종기를 손에서 놓치면서 드론이 바닥으로 곤두박질쳤다. 들온 씨의 기억은 딱 거기까지였다. 눈을 떠 보니 어두컴컴한 건물 안이었다. 흐릿한 시야 사이를 날카로운 눈빛이 파고 들어왔다. 검정색 옷으로 온몸을 감싸고 있는 남자, 악당 제트.

악당 제트가 얼굴을 가리고 있던 가짜 수염을 떼며 마침내 진짜 얼굴을 드러냈다.
"다, 당신은!"

드론맨의 정보 노트

드론 비행의 문제점

전문가들에 따르면, 앞으로 10년 안에 전 세계에서 드론이 수십만 대나 날아다닐 거라고 해. 하늘이 드론으로 덮여 있다고 생각할 만큼 말이지.

그런데 드론은 장점만 있는 게 아니지? 우리나라의 유명 가수가 무대에서 드론으로 퍼포먼스를 하던 중 손을 베이는 사고가 일어났고, 드론이 아파트 벽에 부딪혀서 금이 가거나, 추락하던 중에 사람과 부딪쳐서 다치는 사고들도 있었어. 따라서 드론 비행 시 안전 문제에 특별히 주의해야 해.

드론 사고 유형
1 드론과의 충돌에 의한 부상
2 프로펠러에 의한 열상(찢어짐)
3 프로펠러에 의한 관통상
4 드론과의 충돌에 의한 재물 파손
5 배터리 폭발 또는 발화

 ## 드론맨을 구출하라!

그 시간, 원준이는 들온 씨가 준 최신형 휴대 전화를 손에 들었다.

"쳇, 함께 우리 마을을 지키는 히어로가 되기로 했으면서. 어떻게 나만 빼놓고 가냐. 치사하다, 치사해!"

바로 그때 휴대 전화에 반짝 불빛이 들어 왔다.

"어? 이게 뭐지?"

농사일부터 우주 탐사까지, 미래는 드론 시대

원준이는 불빛이 깜빡이는 앱을 눌러보았다. 그러자 지도가 뜨고 그 옆에 SOS라는 글자가 함께 반짝였다.

"이게 뭐지? SOS?"

그 말은 들온 씨가 자주 쓰던 말이었다. 위험에서 구해 달라는 말.

원준이는 할머니에게 달려갔다.

"할머니! 도와 달래!"

"누가?"

"아저씨! 아저씨가 도와 달래요!"

원준이는 할머니를 잡아끌었다. 그리고 박씨 할아버지와 봉순댁 할머니까지 들온 씨의 소식을 듣고 모여들었다.

"가자! 지금까지 총각이 우리 도와줬는데 당연히 구하러 가야지!"

모두 봉필댁 할머니가 운전하는 트럭에 올라탔다. 봉필댁 할머니의 지시로 들온 씨의 집에 있던 각종 드론들도 트럭에 태웠다.

원준이는 들온 씨가 건네주었던 휴대 전화에 표시된 위치를 추적했다. 트럭은 먼지를 풀풀 내면서 도로를 달렸다. 덜컹거리지만 그래도 세 사람은 드론을 한 대씩 꼭 안고 있었다. 그리고 마침내 원준이가 들고 있는 휴대 전화의 지도 속 빨간 불빛이 멈추었다.

"멈췄어요! 여긴가 봐요!"

"와, 여기가 어디래? 누가 사는 집인가?"

"어떡해야 해?"

봉필댁 할머니는 박씨 할아버지를 쳐다보았다. 박씨 할아버지는 봉순댁 할머니를, 봉순댁 할머니는 다시 원준이를 쳐다보았다.

"갖고 왔잖아요. 우리의 무기!"

원준이는 들온 씨의 드론을 손에 쥐었다. 그리고 하늘로 부우우웅 날렸다. 옆에서 봉필댁 할머니도, 봉순댁 할머니도, 박씨 할아버지도 드론을 날렸다.

"어디에 있는지 찾아보자고! 드론을 창문 쪽으로 붙여 봐!"

부우우우웅–.

벌 떼처럼 요란한 소리를 내면서 드론은 위로 올라갔다.

"어! 저기다! 저기야!"

드론이 촬영한 영상에는 들온 씨가 팔이 의자에 묶인 채 움직이지 못하고 있는 모습이 찍혀 있었다.

"빨리 경찰을 불러!"

들온 씨의 모습을 찍은 영상 데이터와 함께 원준이는 경찰서에 위치를 알렸다. 그리고 곧이어 경찰이 도착했다.

"여기예요! 여기!"

"오, 네가 드론으로 위치를 찾아냈구나! 정말 대견하다!"

경찰이 원준이의 머리를 쓰다듬어 주었다.

"빨리요! 지금 아저씨가 위험하단 말이에요!"

원준이는 경찰들을 졸랐다. 그 말을 들은 경찰들은 잽싸게 집 안으로 들어갔다. 그러고는 집 안에 있던 악당 제트를 체포해서 수갑을 채워 경찰차에 태웠다.

"뭐야! 아까 그 아저씨였잖아. 도와 달라고 하던!"

원준이는 어처구니 없는 표정을 지었다. 봉필댁 할머니도 부아가 치민다는 듯 발을 굴렀다.

"아니, 눈물까지 흘리며 매달리더니! 이런 나쁜 사람 같으니라고!"

박씨 할아버지도 혀를 쯧쯧 차며 말했다.

"아니, 우리 착한 총각을 왜 납치를 한 겨!"

그때, 경찰이 이야기해 주었다.

"요즘 드론으로 사람들을 위협하는 조직이 있었습니다. 건물에 부딪치고, 비행기를 들이받기도 했지요. 그런데 그때마다 드론맨이 나서 막았습니다. 악당 제트에게는 드론맨이 눈엣가시였던 겁니다. 그러니까 이렇게 해코지를 한 것이지요."

"드론맨이라고요?"

원준이가 주위를 둘러보며 말했다.

"그런데 왜 우리 2층 아저씨를?"

경찰이 들온 씨를 가리키려는 순간, 들온 씨가 원준이를 꽉 끌어안았다.

"고, 고맙다! 원준아!"

"아저씨! 다친 데는 없어요?"

"고마워. 나도 모르게 정신을 잃었지 뭐냐."

"근데 아저씨를 왜 잡아갔었대요? 아저씨 설마……."

"아, 그게……."

"설마 뭐 잘못했어요? 나한테만 말해 봐요."

원준이의 말에, 들온 씨는 피식 웃었다. 그러고는 원준이의 귀에 대고 소곤소곤 말했다.

"실은 내가 드론맨이란다. 지구의 평화를 지키는 슈퍼 히어로."

원준이는 믿을 수 없다는 듯이 낄낄거렸다.

"에이, 말도 안 돼! 아저씨!"

"아, 좀 믿어 주지?"

"슈퍼 히어로가 어떻게 초등학생한테 구출돼요?"

들온 씨도 낄낄 대며 웃었다. 그러다가 원준이가 웃음을 멈추었다.

"아, 하긴. 히어로들은 위기의 순간에 빠지긴 하던데……."

원준이가 혼잣말을 하며 허공에 눈동자를 굴렸다.

"원준아, 슈퍼 히어로를 구한 초등학생은 슈퍼 히어로가 될 자격이 충분하지."

들온 씨의 말에 원준이가 눈이 커다래졌다.

"송원준, 나의 뒤를 따라 드론맨 2호가 되겠니?"

들온 씨가 원준이에게 드론을 건네며 말했다.

"네가 갖고 있던 드론은 너에게 줄게. 널 내 후계자로 키워 주마."

원준이의 얼굴에 해맑은 웃음이 떠올랐다.

"넌 이미 한 건 했어. 날 구했으니까!"

들온 씨의 말에 원준이가 들온 씨를 끌어안았다. 봉필댁 할머니, 봉순댁 할머니, 박씨 할아버지도 들온 씨를 끌어안았다.

"아휴, 고생했어. 그 새 얼굴이 반쪽이 났구먼!"

할머니들은 들온 씨의 손을 붙잡고 안쓰럽다는 듯이 얼굴을 토닥거렸다.

"저, 이제 가야 할 시간입니다!"

들온 씨는 할머니가 차에 싣고 온 드론들을 부품으로 조각조각 분해했다. 그리고는 하나로 뭉쳐 척척 조립하기 시작했다. 조그맣던 드론들이 쌓여 점점 몸집이 커지더니 사람을 태울 만큼 크게 변했다. 들온 씨는 드론 택시처럼 합체한 드론을 타고 하늘로 날아올랐다.

"사람들이 드론을 좋은 일에만 쓸 수 있도록 네가 나를 도와줘!"

들온 씨는 원준이를 향해 손을 흔들었다.

"무, 물론이죠! 드론맨!"

원준이도 드론맨을 향해 덩달아 손을 흔들어 댔다. 해가 뉘엿뉘엿 지면서 만든 아름다운 노을을 가르며 드론맨이 탄 드론이 멀리 사라져 갔다.

드론, 어디까지 알고 있니?

드론 조종 시 금지 사항

조종자는 드론을 눈으로 볼 수 있는 거리 내에서만 조종해야 하고, 비행 금지 구역에서 비행할 경우 지방 공항청이나 국방부의 허가가 필요하다는 것을 잊지 말아야 한다. 또한 항공 촬영 허가와 비행 승인은 별도이므로 따로 받아야 한다.

야간 비행 금지
(야간: 일몰 후부터 일출 전까지)

사람이 많이 모인 곳의 상공에서 비행 금지

비행 중 낙하물 투하 금지, 음주 비행 금지

조종자의 가시거리 범위 외에서의 비행 금지

조종 전 점검 사항

사고나 분실에 대비해 장치에는 소유자 이름, 연락처를 기재하도록 한다.

전파 인증을 받은 제품인지 확인한다.

비행하기 전 해당 제품의 매뉴얼을 숙지한다.

비행하기 전에 반드시 승인을 받아야 하는 경우

드론은 '초경량 비행 장치'로서 항공법의 영향을 받는다. 드론을 날리지 못하는 구역도 있고, 약간의 제약 사항도 있다. 이를 위반하였을 때 과태료나 벌금을 낼 수도 있다.

비행장 주변 관제권에서 비행
(반경 9.3㎞)

비행 금지 구역에서 비행
(서울 강북 지역, 휴전선·원전 주변)

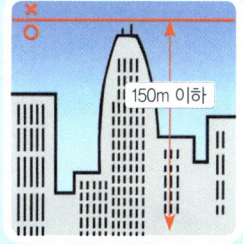

지상 고도 150m 이상에서 비행
(지면, 수면, 장애물 기준 150m 이상)

드론 실명제

최근 드론이 대중화되면서 사고를 낸 뒤 몰래 도망치는 일이 늘고 있다. 드론이 갑자기 추락해 피해가 발생해도 드론 주인을 찾지 못해 아무런 보상도 받지 못하는 경우가 있는데, 그래서 생긴 것이 '드론 실명제'이다. '드론 실명제'는 최대 이륙 중량 2㎏을 넘는 드론은 기체 신고를 의무화하는 것이다. 예전에

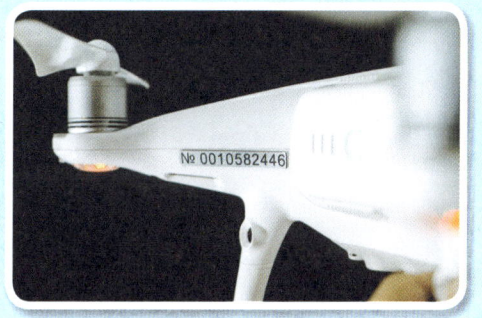

등록 번호가 표시된 드론

는 12㎏ 이상의 무인 비행 장치인 경우 등록을 의무화했지만, 2021년부터는 2㎏ 이상의 모든 무인 비행 장치는 등록을 의무화하도록 했다. 국토 교통부에서는 인터넷이나 스마트폰 앱을 통해 누구나 쉽게 드론 기체 신고가 가능하도록 지원한다.

 토론왕 되기!

드론의 문제점, 어떻게 생각하십니까?

앵커

안녕하십니까? 오늘의 드론 뉴스입니다. 오늘은 사람들이 취미용 드론을 많이 쓰면서 생기는 문제점들에 대해 김다온 기자가 알아봅니다.

기자

불과 몇 년 전까지만 해도 드론은 방송국 촬영이나 영화 제작 등에만 쓰였습니다. 크기도 꽤 크고 또 가격이 비쌌습니다. 요즈음은 첨단 기술의 발전과 함께 드론의 가격이 내려가면서 일반인들에게까지 점점 보급이 늘고 있습니다. 그런데 이들 제품 일부가 조종 거리를 벗어나면서 경고 없이 추락하는 등 여러 가지 위험한 사고가 일어나고 있습니다.

드론 조종자

드론을 처음으로 조종하다 보니 조작이 익숙하지 않아요. 예상하지 못한 방향에서 드론이 제게로 날아와서 피하다가 제 손을 다친 경우가 있었습니다.

기자

한국 소비자원은 드론을 살 때 프로펠러 보호 장치가 장착돼 있는지 꼼꼼하게 확인하고, 어두운 저녁이나 사람이 많은 곳에서는 비행을 삼갈 것을 당부했습니다. 한편, 안전사고뿐만 아니라 드론을 이용한 몰래 카메라의 피해를 호소하는 사람들도 발생하고 있어서 충격을 주고 있습니다. 드론을 이용한 몰래 카메라에 대한 대책은 사실 쉽지 않습니다. 취미용 드론은 굳이 비싼 게 아니어도 촬영 성능이 꽤 좋습니다. 비행 금지 구역이 아닌 곳에서 날리는데 무조건 금지할 수도 없는 노릇이죠. 조종하는 사람을 잡으면 될 것 아니냐 하는데 차 안이나 건물 안에서 몰래 날리면 당장 찾아내기도 어렵습니다. 제일 좋은 건 수상한 촬영을 하거나 남의 땅을 무단 침입한 드론을 잡는 방법입니다. 실제로 '안티 드론'이라고 해서 범죄를 일으키는 드론을 잡는 기술도 개발되고 있습니다.

드론을 향해 강력한 전파를 발사해서 조종 불능 상태로 만드는 총이 있는데, 이는 드론을 훼손하지 않고 원하는 곳에 강제로 착륙시킬 수 있죠. 하지만 우리나라에서 이런 강력한 전파 기기를 사용하려면 미리 인증을 받아야 하고 또 주변 전자 기기의 오작동을 일으킬 수도 있습니다.

드론을 향해 그물을 발사하는 장치도 있습니다. 무게 추에 그물을 걸어서 하늘에 떠 있는 드론을 향해 날리는 겁니다. 프로펠러에 그물이 감기고 추의 무게가 있으니까 드론이 땅으로 추락하게 됩니다. 문제는 추락하는 과정에서 또 다른 피해를 유발할 수 있고, 그물이 날아가는 거리가 길지 않다는 겁니다. 아직 일반 사람들까지 많이 사용하게 된 단계는 아니기 때문에 안전성이 검증되기까지에는 시간이 더 필요할 듯합니다.

앵커

지금까지 드론을 많이 쓰게 되면서 생기는 문제점과 그를 해결하려는 노력들에 대해 살펴보았습니다. 드론의 문제점을 해결할 수 있는 방안들에 대해 여러분은 어떻게 생각하십니까? 지금까지, 드론 뉴스를 전해 드렸습니다.

드론에 대해 아는 모든 것!

다음 중 맞는 내용에 모두 O표를 해 보세요.

1 드론의 이름은 수벌에서 따왔다는 설도 있다.

2 드론은 프로펠러 개수가 언제나 4개다.

3 프로펠러 4개인 드론은 쿼드콥터라고 부른다.

4 드론을 조종하려면 자격증이 필요하다.

5 드론은 사람이 없는 곳에서 날리면 된다.

6 드론이 제자리에서 비행하는 것을 호버링이라고 한다.

7 드론은 처음에는 군사용으로 만들어졌다.

8 드론은 허가받은 장소에서는 언제든 띄울 수 있다.

9 드론으로 촬영할 때 흔들리지 않는 것은 짐벌 때문이다.

정답 0~1개 맞춤 — 드론에 대해 다시 알아봐!

정답 2~3개 맞춤 — 드론 박사가 되기에는 부족한 걸?

정답 4개 이상 맞춤 — 넌 진정한 드론 박사!

정답: 1, 3, 6, 7, 9번

> 어려운 용어를 파헤치자!

고정익 양력을 이용하여 떠오르는 고정된 형태의 날개이다. 고정익 비행체는 제자리 비행을 할 수 없고 방향을 빠르게 바꾸기 힘든 대신 오랫동안 안정적으로 날 수 있다.

내비게이션 목적지에 정확하게 도착할 수 있도록 유도하는 장치로 화면에 지도를 보이거나 음성 안내로 길 찾기를 할 수 있도록 한다. 항공기, 선박 등에 사용되며 자동차에 도입되면서 일상생활에서도 널리 쓰이는 기술이다. 최근에는 길 안내는 물론 방송 수신, 동영상 재생 등 멀티미디어 기기에도 활용되고 있다.

드론 조종사가 타지 않고 무선 전파를 이용하여 비행과 조종이 가능한 헬리콥터 모양의 무인기를 뜻한다. '드론'은 '낮게 윙윙거리는 소리'를 뜻하는 말로 벌이 날아다니며 내는 소리를 본떠 붙인 이름이다. 처음에는 군사용으로 만들어졌지만, 이제는 항공 사진 촬영, 농사일, 기상 예측 등 많은 분야에 활용하고 있다.

드론 레이싱 '레이싱'은 일정한 거리나 코스를 정해 놓고 자동차, 배, 말, 자전거 따위로 속도를 다투는 일이다. 드론 레이싱이란 무인 원격 조정 비행체인 드론을 활용한 레이싱을 말한다. 장애물을 통과하며 주어진 트랙을 가장 짧은 시간 내에 돌파하는 드론을 가려내며 2015년에 처음 열렸다.

멀티콥터 '멀티'는 여러 개라는 뜻이고 '콥터'는 몸체에 로터(회전 날개 또는 프로펠러)를 2개 이상 이용해 날 수 있는 항공기를 뜻한다. 로터가 하나인 경우가 헬리콥터이다. 보통 프로펠러의 숫자에 따라 바이콥터(2개), 트라이콥터(3개), 쿼드콥터(4개), 헥사콥터(6개), 옥토콥터(8개)로 나눈다.

센서 온도, 압력, 속도와 같은 물리적인 정보를 전기적인 신호로 바꿔 주는 장치. 사람이 시각, 후각, 촉각 등의 감각 기관을 통해 주위 환경이나 대상을 인지하는 것처럼 기계나 로봇은 센서를 통해 주위 환경을 인지한다.

양력 아래위를 지나는 공기의 속도 차이 때문에 위쪽으로 작용하는 힘. 비행기의 날개가 공기의 흐름 속에 놓인 경우 수직 방향으로 받는 힘을 말하며, 비행기를 뜨도록 한다.

인공위성 지구나 행성 주위를 일정한 주기로 도는 물체로, 각종 정보를 수집해 지구로 전송하는 장치이다. 인공위성은 용도에 따라 정찰 활동을 하는 정찰 위성, 날씨를 알려 주는 기상 위성, 다른 나라의 방송을 볼 수 있게 해 주는 통신 위성, 위치를 알려 주는 항행 위성, 우주를 관측하기 위한 천문 위성 등이 있다. 지구의 둘레를 도는 달과 같은 천체를 위성이라 부르듯이, 사람의 힘으로 지구의 둘레를 돌게 만들었다 하여 인공위성이라고 한다. 1957년 소련에서 최초로 인공위성 스푸트니크호를 쏘아 올렸다. 이에 충격을 받은 강대국 미국이 본격적인 우주 개발에 뛰어들어 소련과 경쟁을 시작했다.

지피에스(GPS) 인공위성에서 발사한 전파를 수신하여 위치를 파악하는 자동 위치 추적 시스템이다. GPS 시스템은 원래 미국에서 군사용으로 개발했으나, 기본적인 기능을 일반인들이 쓸 수 있도록 개방한 것이다. 무인 항공기나 내비게이션 등 위성 신호를 수신할 수 있는 수신기만 있으면 언제 어디서나 현재 위치 및 시간 정보를 얻을 수 있다.

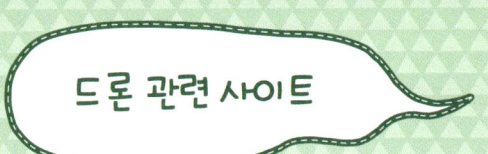

드론 관련 사이트

한국항공대학교 kau.ac.kr
경기도 고양시에 있는 한국항공대학교 홈페이지. 항공 우주 캠프, 무인 비행체 조종자 양성 과정 등에 관한 자료를 찾아볼 수 있어요.

대한드론축구협회 dronesoccer.co.kr
대한드론축구협회 홈페이지. 드론 축구에 대한 정보 및 영상을 찾아볼 수 있어요.

한국드론레이싱협회 kdra.org
사단법인 한국드론레이싱협회에서 운영하는 홈페이지. 드론 레이싱 대회에 관련된 교육 기관, 사진, 영상 등 다양한 자료를 찾아볼 수 있어요.

엔조이드론 www.enjoydrone.com
드론에 관한 웹 정보 채널. 입문용, 촬영용, 레이싱용 등 드론 기종 정보, 비행 장소, 드론 관련 뉴스, 드론 업체 정보 등을 얻을 수 있어요.

초당대학교 항공드론학과 drone.cdu.ac.kr
초당대학교 항공드론학과 홈페이지. 항공드론학과에 대한 정보 및 드론에 관한 자료를 찾아볼 수 있어요.

한밭대학교 드론융합기술센터 drone.hanbat.ac.kr
충남 대전에 있는 한밭대학교 드론융합기술센터 홈페이지. 드론 활용 사업에 대한 자료 및 사진을 볼 수 있어요.

국토교통부 www.molit.go.kr
우리나라 국토와 교통에 관한 정책을 관할하는 국토교통부 홈페이지. 우리나라 항공 산업에 대한 정보를 알 수 있어요.

국방부 mnd.go.kr
대한민국 국방부 홈페이지. 국방 정책, 국방 소식 등에 관한 정보를 찾아볼 수 있어요.

TS 한국교통안전공단 kotsa.or.kr
자동차, 철도, 항공 등 교통 안전에 관한 뉴스와 자료를 얻을 수 있어요.

항공안전기술원 kiast.or.kr
항공 안전 전문 기관인 항공안전기술원 홈페이지. 드론 안전과 사고 예방 등에 관한 정보를 얻을 수 있어요

세종대 자율무인이동체연구센터 www.auv-rnd.com
세종대에서 운영하는 자율무인이동체연구센터 홈페이지. 첨단 지능형 자율 무인 이동체 연구 개발과 산업용 무인기 전문 인력 양성 사업에 관한 자료를 볼 수 있어요.

신나는 토론을 위한 맞춤 가이드

드론에 대한 이야기를 재미있게 읽었나요? 이제 드론 박사가 다 된 것 같다고요? 그 전에 마지막 단계인 토론을 잊지 마세요. 토론을 잘하려면 올바른 지식과 다양한 정보가 바탕이 되어야 해요. 책을 다 읽고 친구 또는 엄마와 함께 신나게 토론해 봐요!

잠깐! 토론과 토의는 뭐가 다르지?

토론과 토의는 모두 어떤 문제를 해결하기 위해 의견을 나누는 일입니다. 하지만 주제와 형식이 조금씩 달라요. 토의는 여러 사람의 다양한 의견을 한데 모아 협동하는 일이, 토론은 논리적인 근거로 상대방을 설득하는 일이 중요합니다. 토의는 누군가를 설득하거나 이겨야 하는 것이 아니기 때문에 서로 협력해서 생각의 폭을 넓히고 좋은 결정을 내릴 때 필요해요. 반면 토론은 한 문제를 놓고 찬성과 반대로 나뉘어 서로 대립하는 과정을 거치지요.
넓은 의미에서 토론은 토의까지 포함하는 경우가 많습니다. 토론과 토의 모두 논리적으로 생각 체계를 세우고, 사고력과 창의성을 높이는 데 도움을 준답니다.

토론의 올바른 자세

말하는 사람
1. 자신의 말이 잘 전달되도록 또박또박 말해요.
2. 바닥이나 책상을 보지 말고 앞을 보고 말해요.
3. 상대방이 자신의 주장과 달라도 존중해 주어요.
4. 주어진 시간에만 말을 해요.
5. 할 말을 미리 간단히 적어 두면 좋아요.

듣는 사람
1. 상대방에게 집중하면서 어떤 말을 하는지 열심히 들어요.
2. 비스듬히 앉지 말고 단정한 자세를 해요.
3. 상대방이 말하는 중간에 끼어들지 않아요.
4. 다른 사람과 떠들거나 딴짓을 하지 않아요.
5. 상대방의 말을 적으며 자기 생각과 비교해 봐요.

체계적으로 생각하기
드론이 다양한 분야에 쓰이는 까닭은?

최근 들어 드론을 공공 분야에서도 많이 사용하고 있습니다. 다음 기사를 읽고 드론의 어떤 점 때문에 그렇게 되었는지 생각해 봅시다.

'천의 얼굴 드론'

드론은 길이 없거나 험준한 지역에서도 원하는 곳에 날아서 닿을 수 있다. 헬기보다 저렴하고 안정적인데다 누구나 큰 어려움 없이 조종할 수 있다는 게 장점이다. 센서나 장비를 조금만 바꾸면 다양한 용도로 활용할 수 있다.

최근에는 환경 감시·재해 예방 등 공공 분야에서 드론 수요가 늘고 있다. 효율성 향상과 비용 절감이 장점으로 꼽힌다. 일례로 환경부는 드론 36대 등을 동원해 지난해 11월부터 넉 달간 공장 미세 먼지 등 오염 물질 배출을 점검, 227곳의 사업장을 적발했다. 오염 물질을 불법 배출하는지 확인하려면 종전에는 공무원이 사업장에 직접 들어가야 했다. 기초 자료를 갖고 있긴 하지만 사업장이 미리 대비하는 경우도 있고, 인력의 한계로 전국에 약 5만 6000개나 되는 사업장을 모두 확인할 수 없어 일부 사업장은 단속을 비껴가기도 했다.

(중략)

건설 분야에서도 쓰임새는 유용하다. 건축 예정지를 측량한 후 픽스포디(Pix4D)와 같은 프로그램을 이용해 건물을 가상으로 세워 주변 변화를 예측할 수 있다. 실제 건물을 지었을 때 생길 수 있는 조망권·일조권 분쟁을 미연에 방지하는 데 도움이 된다. 국토부는 종이에 그림 형태로 구현된 지적 공부를 수치화해 디지털지적으로 전환하는 사업에 드론을 활용할 계획이다. 자율 주행에 필요한 정밀 공간 정보 구축에도 도움이 될 것으로 보인다. 해양 수산부는 드론을 해양 쓰레기 감시, 적조 모니터링, 항만 순찰, 불법 어업 단속 등에 투입할 계획이다. 환경·안전·산림·측량 등 공공 수요가 지속적으로 발굴·확대되면서 정부는 2021년까지 4000여 대의 드론이 공공 분야에서 활용될 것으로 예상하고 있다.

경향신문 2020/03/07

1. 이 글에서 드론의 장점을 무엇이라고 이야기하나요?

2. 공공 기관에서 드론이 쓰인 사례를 조사해서 말해 봅시다.

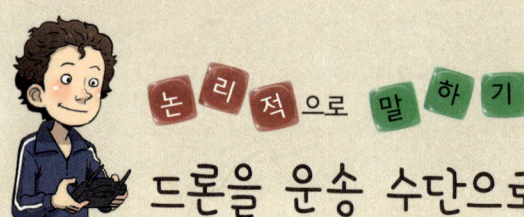

논리적으로 말하기
드론을 운송 수단으로 쓰면 효율적일까요?

우리나라는 2020년 5월, 드론 법 시행을 통해 앞으로 드론 택배와 드론 택시를 현실화하는 교통 시스템을 구축하기 위한 운영 근거를 마련하였습니다. 미래학자 토머스 프레이는 "2030년 지구 위의 하늘엔 10억 개 드론이 날아다닐 것"이라고 예측하기도 했지요. 미래에 드론 택배 배달과 무인 택시를 이용할 수 있게 된다면 어떤 일들이 벌어질까요? 다음의 가상 이야기를 읽고 생각해 봅시다.

새벽 5시 30분. 서울에 살고 있는 직장인 송원준 씨는 일어나자마자 신선한 우유를 산지 직송으로 받고 싶었다.

제주도 목장에서 갓 만들어 낸 신선 우유!
☐ 드론 배송 (1시간) ☐ 빠름 배송 (1일) ☐ 느림보 배송 (7일)

송원준 씨는 드론 배송을 선택해서, 1시간 만에 제주도에서 올라온 신선한 우유를 마실 수 있었다.

아침 7시. 우유를 마시고 샤워를 마친 송원준 씨는 시계를 보고 깜짝 놀랐다. 오늘 7시 30분에 강남에서 미팅이 있다는 사실을 깨달은 것이다. 중요한 미팅이라 빨리 도착해야 하는 상황인데, 원준 씨는 고민한다.

강남역까지 한 번에!
☐ 드론 택시 (10분) ☐ 지하철 (40분) ☐ 자가용 (1시간)

원준 씨는 드론 택시를 타고, 무사히 약속 시간에 도착할 수 있었다.

1. 드론 택배가 일상생활에서 쓰인다면 어떤 점이 좋을까요?

2. 드론 택배의 좋지 않은 점은 무엇일까요?

3. 드론 택시를 탄다면 어떤 점이 좋을까요?

4. 드론 택시의 좋지 않은 점은 무엇일까요?

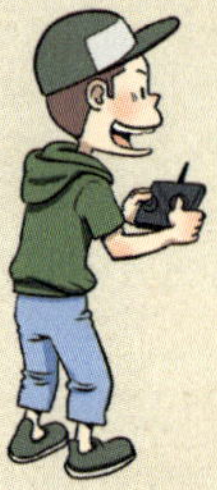

'내'가 꿈꾸는 드론은?

드론은 4차 산업 시대의 날개로 불릴 만큼 다양한 산업과 연결하여 쓰이고 있습니다. 응급 구조 활동을 돕고, 택배 배달도 하며, 해양 쓰레기를 줍기도 하지요. 그뿐만 아니라 드론 레이싱 혹은 드론 축구를 즐기기도 하지요. 더 나아가서 드론 택시의 시대도 곧 열릴 것이라고 합니다.

여러분은 어떤 드론을 꿈꾸나요?

여러분의 창의력을 발휘해서 새로운 드론을 상상해 보세요.

예시 답안

드론이 다양한 분야에 쓰이는 까닭은?

1. ① 길이 없거나 험준한 지역에서도 원하는 곳에 닿을 수 있다. ② 헬기보다 저렴하고 안정적이다. ③ 큰 어려움 없이 조종할 수 있다. ④ 센서나 장비를 바꾸면 다양한 용도로 활용이 가능하다. ⑤ 효율성 향상과 비용 절감이 가능하다.
2. ① 미세먼지 오염 물질 배출을 점검 ② 산불 예방과 산림 재해 방지 ③ 도로와 고량, 댐 시설물 안전 점검 ④ 화재시 드론 열화상 카메라로 진화할 곳 파악 ⑤ 해양 쓰레기 감시, 적조 모니터링, 항만 순찰, 불법 어업 단속

드론을 운송 수단으로 쓰면 효율적일까요?

1. ① 식료품을 구입하러 슈퍼마켓을 가지 않는다. ② 오래 기다리지 않아서 좋다. ③ 신선한 재료를 받을 수 있어서 좋다. ④ 유통 단계가 줄어들어 가격이 저렴해질 것 같다.
2. ① 안전하게 배달되어 올 수 있을지 걱정된다. ② 무거운 물건을 싣는 데 한계가 있다.
3. ① 빨라서 시간이 절약된다. ② 몸이 피곤한 것이 줄어든다.
4. ① 드론이 부족할 때에는 시간이 지연될 것이다. ② 드론이 해킹을 당하면 큰 사고가 날 수 있다. ③ 드론의 소음으로 인해 도시가 지금보다 훨씬 시끄러워질 수도 있다. ④ 드론끼리 부딪히면 교통사고가 나서 다칠 수 있다는 위험 부담이 있다.

'내'가 꿈꾸는 드론은?

① **깜빡 드론**: 깜빡 잊고 온 물건들을 가져다주는 데 드론이 쓰일 수 있을 것 같다.
② **불법 주차 적발 드론**: 자동차 불법 주차를 한 차량의 번호를 촬영하는 것을 드론으로 할 수 있을 것 같다. 또한 고속도로에서 갓길로 운전하는 차량의 번호판을 촬영할 수도 있을 것 같다.
③ **새치기 적발 드론**: 줄 설 때 새치기하는 사람도 잡아낼 수 있을 것 같다.
④ **어린이 안전 지킴이 드론**: 어린이 안전 구역에서 위험하게 운전하는 차량이나 사람의 모습을 촬영하여 안전 지킴이를 하면 좋을 것 같다.

AI 시대 미래 토론

과학토론왕
정가 520,000원

✓ 뭉치북스가 만든 국내 최초 토
✓ 한국디베이트협회와 교

200만 부 판매 돌파!

공부다!
인재를 위한
과서

사회토론왕
정가 520,000원

✓ **초등 국어 교과서 선정 도서!**
문가들이 강력 추천한 책!

- 한우리 추천도서
- 경향신문 추천도서
- 경기도 초등토론 교육연구회 추천
- 경기도 지부 독서 골든벨 선정도서
- 환경정의 어린이 환경책 권장도서
- 학교도서관 사서협의회 추천도서
- 한국 아동문학인협회 우수도서

문화체육관광부 우수교양도서 · 서울시교육청 추천도서 · 경기도 사서협의회 추천도서 · 한국교육문화원 추천도서 · 아침독서 추천도서

★★★ 100만 부 판매 돌파! ★★★

수학이 쉬워지고, 명작보다 재미있는
뭉치수학왕

정부 기관 선정 우수 도서상을 많이 수상한 믿고 볼 수 있는 시리즈!

뭉치 수학왕 시리즈는 미래의 인재로 키워 줘!

"인공지능(AI) 시대의 힘은 수학에서 나온다!"

개념 수학

〈수와 연산〉
1. 양치기 소년은 연산을 못한대
2. 견우와 직녀가 분수 때문에 싸웠대
3. 가우스, 동화 나라의 사라진 0을 찾아라
4. 가우스는 소수 대결로 마녀들을 물리쳤어
5. 앨런, 분수와 소수로 악당 히틀러를 쫓아내라
6. 약수와 배수로 유령 선장을 이긴 15소년

〈도형〉
7. 헨젤과 그레텔은 도형이 너무 어려워
8. 오일러와 피노키오는 도형 춤 대회 1등을 했어
9. 오일러, 오즈의 입체도형 마법사를 찾아라
10. 유클리드, 플라톤의 진리를 찾아 도형 왕국을 구하라
11. 입체도형으로 수학왕이 된 앨리스

〈측정〉
12. 쉿! 신데렐라는 시계를 못 본대
13. 알쏭달쏭 알라딘은 단위가 헷갈려
14. 아르키는 어림하기로 걸리버 아저씨를 구했어
15. 원주율로 떠나는 오디세우스의 수학 모험

〈규칙성〉
16. 떡장수 할머니와 호랑이는 구구단을 몰라
17. 페르마, 수리수리 규칙을 찾아라
18. 피보나치, 수를 배열해 비밀의 방을 탈출하라
19. 비례배분으로 보물섬을 발견한 해적 실버

〈자료와 가능성〉
20. 아기 염소는 경우의 수로 늑대를 이겼어
21. 파스칼은 통계 정리로 나쁜 왕을 혼내 줬어
22. 로미오와 줄리엣이 첫눈에 반할 확률은?

창의 사고 수학
31. 퍼즐탐정 썰렁홈즈①-외계인 스콜피오스의 음모
32. 퍼즐탐정 썰렁홈즈②-315간의 우주여행

문장제
23. 개념 수학-백점 맞는 수학 문장제①
24. 개념 수학-백점 맞는 수학 문장제②
25. 개념 수학-백점 맞는 수학 문장제③

융합 수학
26. 쌍둥이 건물 속 대칭축을 찾아라(건축)
27. 열차와 배에서 배수와 약수를 찾아라(교통)
28. 스포츠 속 황금 각도를 찾아라(스포츠)
29. 옷과 음식에도 단위의 비밀이 있다고?(음식과 패션)
30. 꽃잎의 개수에 담긴 수열의 비밀(자연)

33. 퍼즐탐정 썰렁홈즈③-뒤죽박죽 백설 공주 구출 작전
34. 퍼즐탐정 썰렁홈즈④-'지지리 마란드러' 방학 숙제 대작전
35. 퍼즐탐정 썰렁홈즈⑤-수학자 '더하길 모테'와 한판 승부
36. 퍼즐탐정 썰렁홈즈⑥-설국언차 기관사 '어러도 달리능기라'
37. 퍼즐탐정 썰렁홈즈⑦-해설 및 정답

수학 개념 사전
38. 수학 개념 사전①-수와 연산
39. 수학 개념 사전②-도형
40. 수학 개념 사전③-측정·규칙성·자료와 가능성

정가 520,000원